Le CODE MOTO ROUSSEAU

2

1. Connectez-vous sur **moto.exatest.fr**
2. Cliquez sur « Je me connecte pour la première fois ».
3. Créez votre compte en remplissant tous les champs demandés.

   Votre numéro à 10 chiffres est le suivant:

   0695369753

4. Un email de confirmation vous sera envoyé, avec un lien d'activation ainsi qu'un rappel de vos identifiant/mot de passe.
5. Cliquez sur le lien d'activation pour démarrer votre abonnement à Exatest (abonnement valable 6 mois).
6. Bravo, vous pouvez commencer votre entraînement à l'examen du Code de la Route Moto!

   6 séries de 40 questions sont à votre disposition, ainsi que 6 séries thématiques.
   Vous pouvez refaire plusieurs fois chaque série.

   Si vous rencontrez le moindre problème de connexion, veuillez nous contacter à l'adresse: exatest-moto@codes-rousseau.fr en nous donnant votre numéro à 10 chiffres, ainsi que votre adresse email.

QUELLE QUE SOIT LA CYLINDRÉE

Tête et cou

Torse et bras

Mains

Jambes et pieds

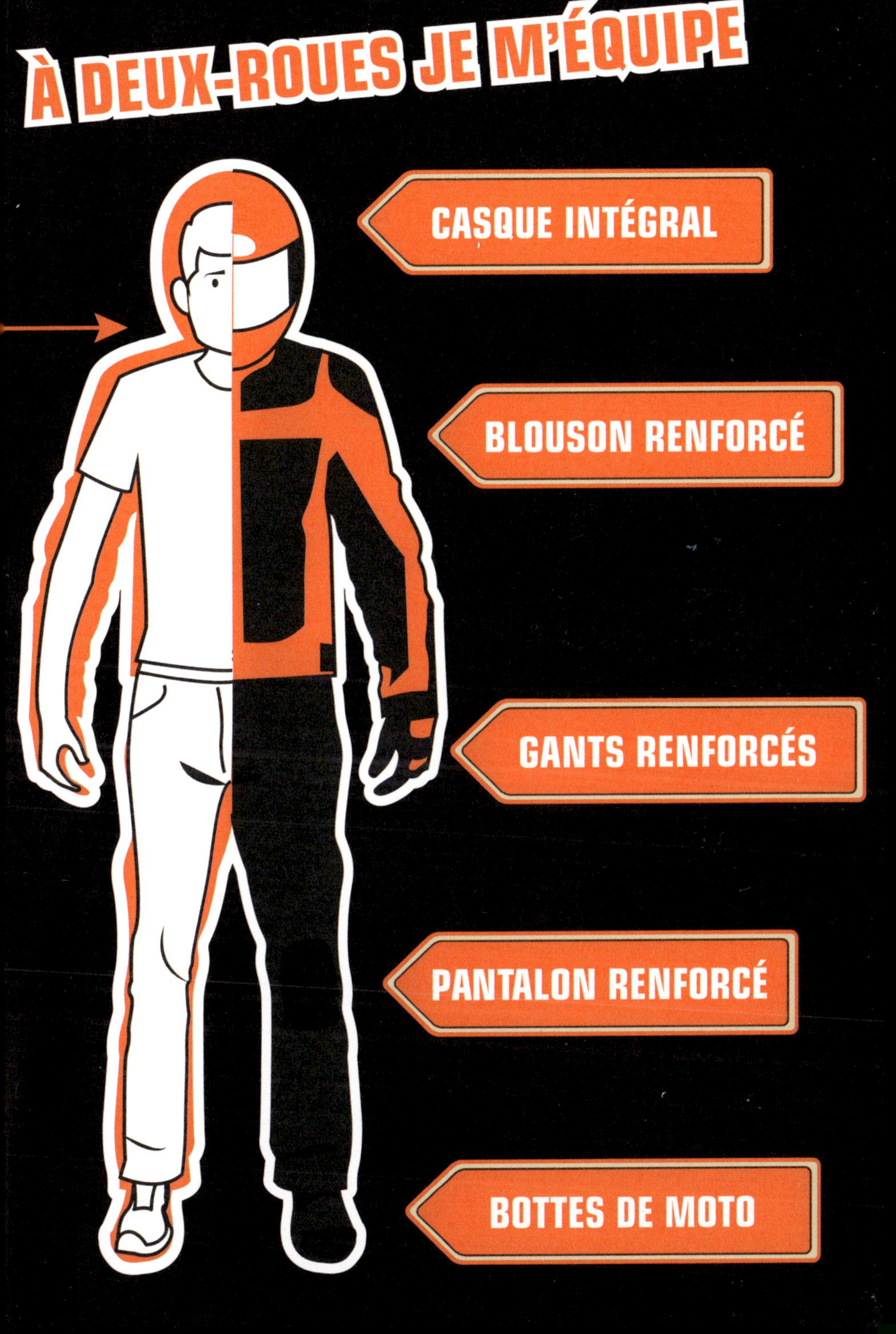
À DEUX-ROUES JE M'ÉQUIPE
CASQUE INTÉGRAL
BLOUSON RENFORCÉ
GANTS RENFORCÉS
PANTALON RENFORCÉ
BOTTES DE MOTO

PRÉPARATION
E.T.M.
Le CODE
MOTO
ROUSSEAU
IDÉAL
pour se préparer
au NOUVEL Examen
Théorique Moto !
CODES
ROUSSEAU

SOMMAIRE

CODES ROUSSEAU

Introduction page 4

f1 La circulation routière page 13

f2 Le conducteur page 101

f3 La route page 149

Épreuve Théorique Moto (E.T.M.)

Le permis moto se compose de 3 épreuves :

❶ L'E.T.M.

Il s'agit d'un QCM théorique axé sur le phénomène moto.

Les questions balayent toutes les thématiques permettant d'évaluer que le futur motard connaît les règles, les caractéristiques des autres usagers, et l'entretien spécifique d'une moto. Le but de cette épreuve est de vérifier que le motard sait en toutes circonstances adopter un comportement qui fera de lui un conducteur sûr.

L'ETM est valable pendant 5 ans, dans la limite de 5 passages par catégorie. Le candidat peut se présenter à cette épreuve dès 16 ans.

■ **40 questions à choix multiple (QCM).**
Il faut au moins 35 réponses exactes pour être admis.

Chaque question comporte de 2 à 4 propositions. Parmi elles, il y aura toujours au moins une réponse fausse et donc de 1 à 3 réponses justes.

■ **Conseils pour bien répondre**
N'oubliez pas que pour répondre aux questions vous n'êtes pas considéré comme un conducteur novice.

Vous pourrez être le conducteur de la moto ou l'observateur de la situation. Vous aurez parfois à analyser des situations sous le prisme d'un autre usager (piéton, automobiliste...).

■ **Vidéos**
10 questions sur 40 sont annoncées par un pictogramme.

La question peut être illustrée par une courte vidéo dans des conditions réelles de circulation ou issue de photos ou d'images de synthèse.
Pensez à regarder dans tous les rétroviseurs et à évaluer mentalement l'intervalle de sécurité entre vous et les autres usagers.

Thème	Libellé
L	LA CIRCULATION ROUTIÈRE
C	LE CONDUCTEUR
R	LA ROUTE
U	LES AUTRES USAGERS
D	LES NOTIONS DIVERSES
M	LA MÉCANIQUE ET LES ÉQUIPEMENTS
S	ÉQUIPEMENTS DE PROTECTION - SÉCURITÉ
E	L'ENVIRONNEMENT
A	LES PREMIERS SECOURS

La banque de questions de l'examen est réparties en 9 thématiques. L'organisation des questions est similaire à celle du présent ouvrage.

La moto est :

- au point mort .... A ✔
- sur la réserve de carburant .... B ✔

La béquille latérale est remontée

OUI C

NON .... D ✔

Je peux stationner dans l'emplacement à droite :

OUI .... A ✔

NON .... B

Le stationnement est :

- payant .... C ✔
- à durée limitée .... D ✔

Attention, deux réponses peuvent être justes dans la première partie ou dans la deuxième partie de la question.

❷ L'épreuve plateau

Tirage au sort pour parcours départ à droite ou à gauche.

Cette épreuve a lieu sur une aire fermée à la circulation. Elle consiste en la réalisation d'un parcours qui sera effectué à différentes allures. Cela afin d'évaluer les capacités du motard à déplacer sa machine avec aisance et aussi pour évaluer la qualité de ses freinages et évitements.

Pour se présenter à cette épreuve, le candidat devra être équipé d'un casque homologué, de gants homologués, d'un blouson (ou veste à manches longues), d'un pantalon (ou combinaison) et de bottes ou chaussures montantes.

Attention : bottes en caoutchouc et coupe-vent non autorisés.

Les épreuves se succéderont dans cet ordre (ci-contre) :

Tableau des vitesses (Grille de notation page 10)

	FREINAGE	SLALOM	ÉVITEMENT
A1	50 km/h avec marge de 5 km/h	40 km/h avec marge de 5 km/h	50 km/h avec marge de 5 km/h
A2	50 km/h sans marge	40 km/h sans marge	50 km/h avec marge de 5 km/h

❸ L'épreuve en circulation

Cette épreuve a pour but d'évaluer les choix et comportements du motard en circulation. Elle permet aussi de vérifier qu'il sait adopter une trajectoire de sécurité en ligne droite, mais également en virage.

Pour pouvoir s'y présenter, le candidat doit être en possession de l'ETM et avoir obtenu un résultat positif à l'épreuve du plateau. L'épreuve comprend au moins 30 mn de conduite effective.

L'équipement pour se présenter à cette épreuve est identique à celui utilisé pour l'épreuve hors circulation.

• Déplacement de la moto sans l'aide du moteur

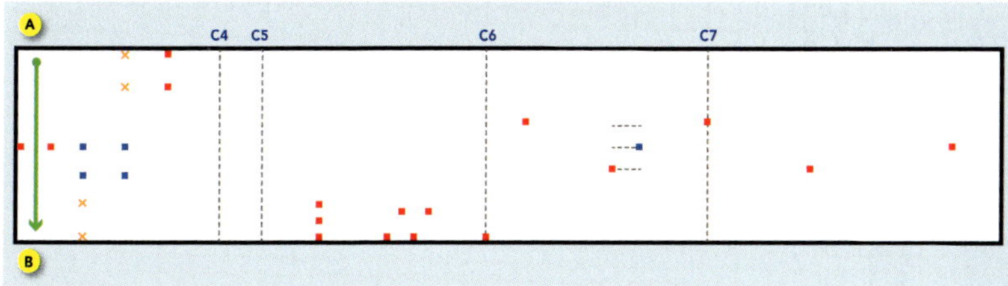

• Allure lente sans passager

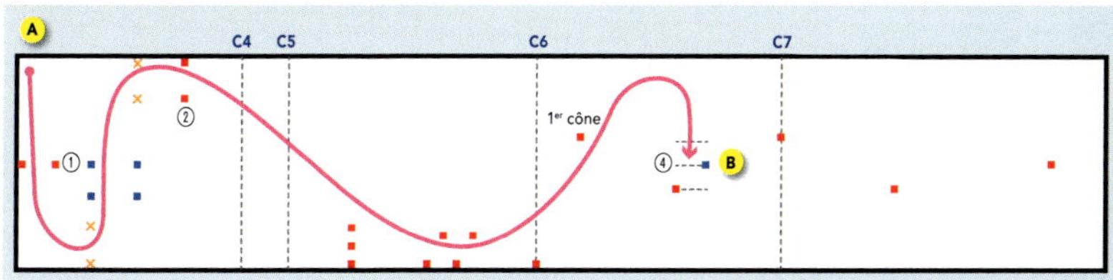

La chute entraîne l'échec immédiat et l'interruption de l'examen.

• Freinage à allure normale

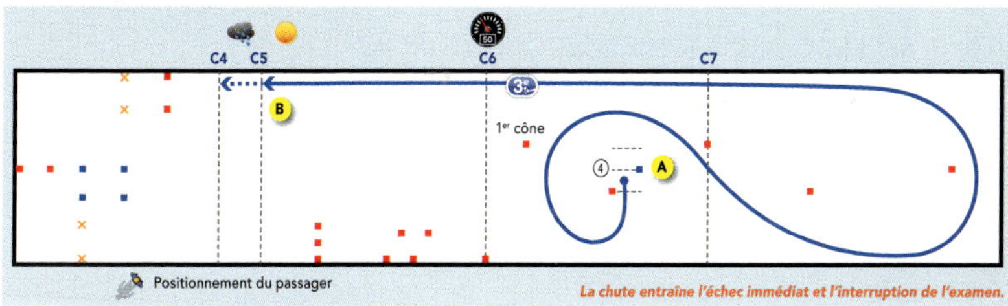

La chute entraîne l'échec immédiat et l'interruption de l'examen.

• Allure lente avec passager

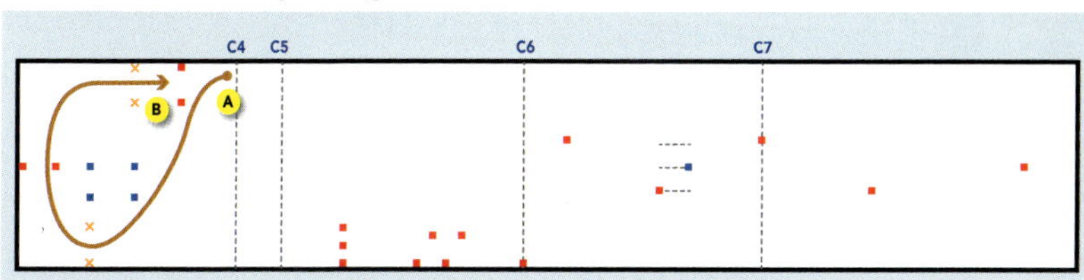

La chute entraîne l'échec immédiat et l'interruption de l'examen.

• Slalom à allure normale et évitement

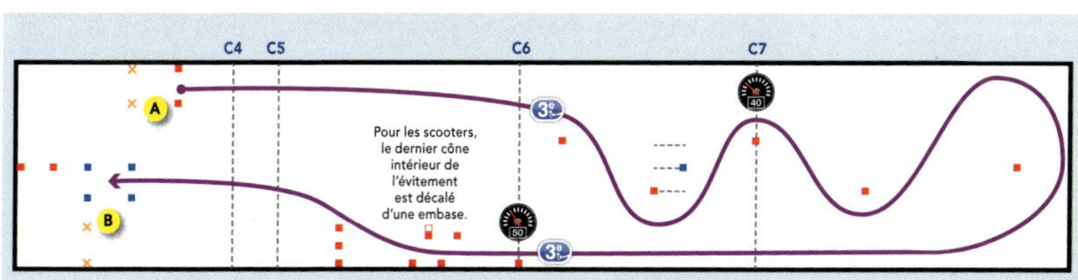

La chute entraîne l'échec immédiat et l'interruption de l'examen.

Liberté • Égalité • Fraternité
RÉPUBLIQUE FRANÇAISE

Tableau des vitesses et Grille de notation de l'épreuve plateau

CRITÈRES	NOTATION
Exercice correctement réalisé	A
3 pieds au sol ou 2 pieds au sol si l'exercice de déplacement de la moto sans l'aide du moteur est incorrectement réalisé (hors zones neutralisées)	A
Pied au sol supplémentaire (hors zones neutralisées)	B
Obstacle déplacé ou renversé (hors cônes de l'évitement)	B
Défaut de maîtrise du freinage identifié par une roue décollée et/ou une position inadaptée du candidat	B
Temps compris entre 14 et moins de 16 secondes	B
3ème rapport de vitesses non engagé avant le 1er cône du slalom ou avant la ligne C6, au freinage ou à l'évitement	B
Temps inférieur à 14 secondes	C
Distance de freinage non respectée	C
Anticipation du freinage	C
Non respect de la vitesse minimum	C
Erreur de parcours	C
Cône d'évitement déplacé ou renversé	C
Sortie de terrain	C
Obstacle non franchi	C
Arrêt hors zone	C
2 B	C
Chute de la machine (sauf lors de l'exercice du déplacement de la moto sans l'aide du moteur)	INTERRUPTION
Notation C au cours du deuxième essai	INTERRUPTION

Résultats de l'épreuve

À l'issue de l'épreuve pratique, l'inspecteur ne communique pas oralement le résultat, mais vous adressera le certificat d'examen du permis de conduire (CEPC) par courrier ou vous pouvez le télécharger en remplissant le formulaire sur :

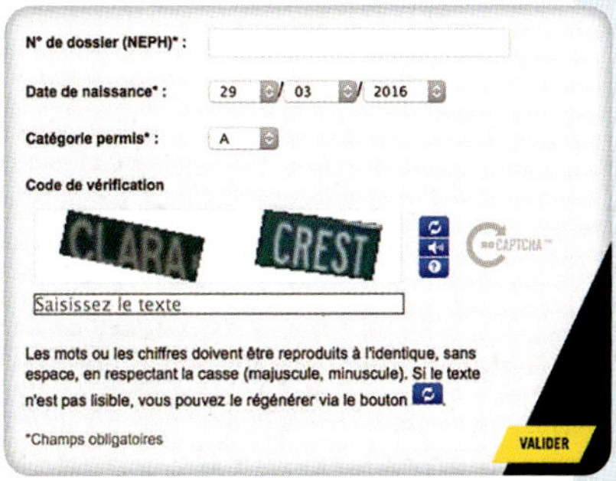
N° de dossier (NEPH)* :

Date de naissance* : 29 / 03 / 2016

Catégorie permis* : A

Code de vérification

CLARA CREST

Saisissez le texte

Les mots ou les chiffres doivent être reproduits à l'identique, sans espace, en respectant la casse (majuscule, minuscule). Si le texte n'est pas lisible, vous pouvez le régénérer via le bouton

*Champs obligatoires

VALIDER

http://www.securite-routiere.gouv.fr/permis-de-conduire/resultats-du-permis-de-conduire

Suivre la fabrication du permis

Afin de suivre la fabrication de votre permis, rendez-vous sur le site de l'ANTS.

https://permisdeconduire.ants.gouv.fr/

En cas de contrôle des forces de l'ordre, ce certificat peut-être présenté en version papier ou directement sur un smartphone ou une tablette.

Le titre provisoire ne permet pas de conduire à l'étranger.

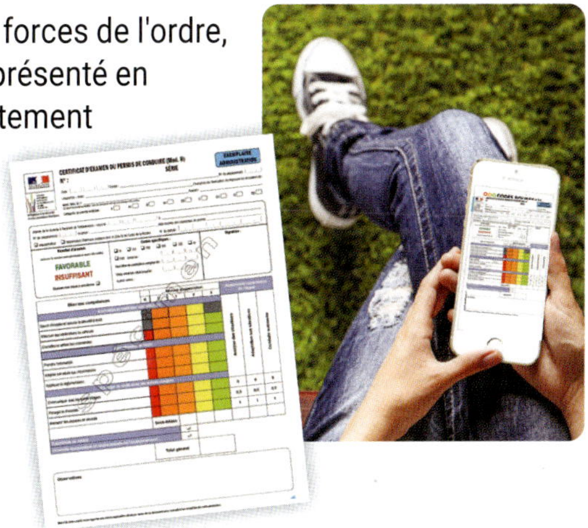

Informations

Catégorie	Types de véhicules	Conditions
B		18 ans ASSR 2 ou ASR
AM		14 ans ASSR 1 ou 2 ou ASR
A1		16 ans ASSR 2 ou ASR
A2		18 ans
A		Si A2 depuis au moins 2 ans (avec justificatif de formation)

B < 2 ans vers A1

- ETM.
- 20 h de formation minimum (8 h de plateau, 12 h de circulation).

B +2 ans vers 125 cm³ et L5e

Sur le territoire national uniquement

- 7 h de formation en auto-école.

B vers A2

- ETM.
- 20 h de formation minimum (8 h de plateau, 12 h de circulation).

Comment passer de l'un à l'autre...

Définitions	
• **Véhicules automobiles** dont PTAC ≤ 3,5 t, 8 places assises + conducteur. • **Remorques** : - PTAC ≤ 750 kg, - PTAC > 750 kg à condition que la somme des PTAC soit ≤ 4,250 t (entre 3,500 t et 4,250 t, une formation de 7 heures est obligatoire).	Attestation d'assurance d'une 125 cm^3 entre le 01/01/2005 et le 31/12/2010 ↓ Autorisation de conduire une 125 cm^3, ou un L5e (21 ans) sur le territoire national. ≠ permis A1 ↓ ***Pour aller vers une catégorie de permis moto*** • ETM. • 20 h de formation minimum (8 h de plateau, 12 h de circulation).
2 roues ou 3 roues à moteur Cylindrée ≤ 50 cm^3, Puissance ≤ 4 kW, Vitesse maxi 45 km/h.	**AM vers A1** • ETM. • 20 h de formation minimum (8 h de plateau, 12 h de circulation).
Motos avec ou sans side-car Cylindrée ≤ 125 cm^3, Puissance maxi 11 kW (15 Ch) **Tricycles à moteur** Puissance ≤ 15 kW (20 Ch)	**A1 vers A2** • ETM si permis obtenu depuis plus de 5 ans • 15 h de formation (5 h de plateau, 10 h de circulation)
Moto avec ou sans side-car Puissance maxi 35 kW (47 Ch) Rapport poids/puissance : ≤ 0,2 kW/kg	**A2 vers A** ***Titulaire du permis A2 depuis 2 ans*** • Formation de 7 h en moto-école.
Moto avec ou sans side-car **Tricycles à moteur** Puissance > 15 kW (20 Ch) À partir de 21 ans	

La circulation routière

Les panneaux

Un panneau peut :

- prévenir d'un danger,
- obliger ou interdire une action,
- renseigner ou indiquer.

Formes	Couleurs	Application
 Danger	Permanent, Temporaire	**Danger**  à 50 m (environ) … à 150 m (environ)
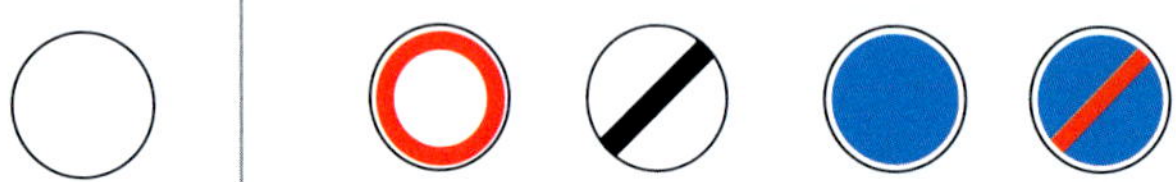 Prescription (ordre)	Interdiction, Fin, Obligation, Fin	L'interdiction commence au panneau et s'étend jusqu'à la prochaine intersection ou jusqu'au signal de fin
 Indication	de confort, routière, fin	**Simple information** avec parfois un comportement précis de prudence
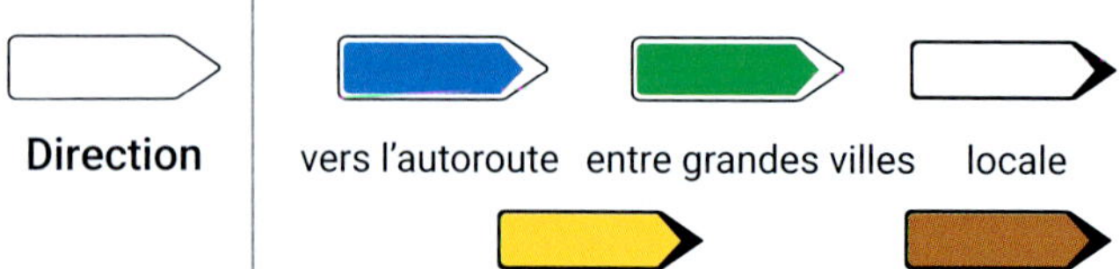 Direction	vers l'autoroute, entre grandes villes, locale, temporaire, site touristique	**Suivre la direction choisie**

Les symboles

Ils précisent la nature du message et à qui ils s'adressent.

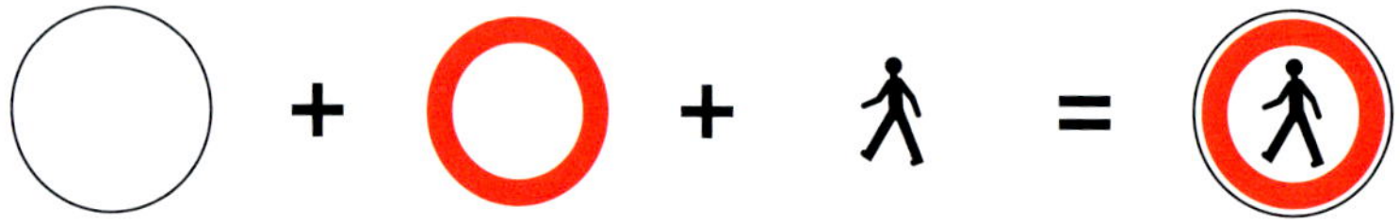

Obligation

Règle générale

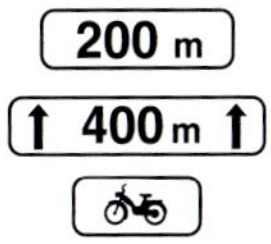

L'obligation commence à hauteur du panneau et s'étend jusqu'à la prochaine intersection ou jusqu'à un signal qui y met fin.
Les panneaux peuvent être complétés par un panonceau de distance, d'étendue ou de catégorie.

Panneaux d'obligation

Directions obligatoires

Obligation de tourner à droite avant le panneau

Obligation de tourner à gauche avant le panneau

Contournement obligatoire de l'obstacle : par la droite

Contournement obligatoire de l'obstacle : par la gauche

Direction obligatoire à la prochaine intersection :

tout droit

à droite

à gauche

tout droit ou à droite

à gauche ou à droite

Voies obligatoires et réservées

Piste ou bande obligatoire pour les cycles sans side-car ou remorque

Chemin obligatoire pour piétons

Chemin obligatoire pour cavaliers

Voie réservée aux véhicules de transport en commun des lignes régulières…

Voie réservée aux tramways

Obligations diverses

Vitesse minimale obligatoire

Obligation véhicules lents

Obligation dont la nature est mentionnée par une inscription sur le panneau

Panneaux de fin d'obligation

Fin de piste ou de bande cyclable

Fin de chemin obligatoire pour les piétons

Fin de chemin obligatoire pour les cavaliers

Fin de vitesse minimale obligatoire

Fin d'obligation véhicules lents

Fin de voie réservée aux véhicules des services réguliers de transport en commun et fin de limitation de vitesse y étant associée.

La signalisation routière

Danger

Règle générale

Les triangles sont placés avant le début de la zone dangereuse :

- environ 150 mètres avant en rase campagne,
- environ 50 mètres avant en agglomération.

Ils annoncent différents dangers qui vont nécessiter une adaptation de l'allure et de la façon de conduire.

Exception

Ce panneau est placé à l'endroit où la circulation devient à double sens.

Pour préciser l'information apportée, les panneaux de danger peuvent être complétés par des panonceaux :

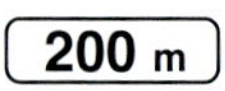

• de distance

• d'étendue

• de catégorie

• directionnels

• d'indications diverses

Panneaux de danger

Chaussée rétrécie

Chaussée rétrécie par la droite

Chaussée rétrécie par la gauche

Annonce de feux tricolores

Circulation dans les deux sens

Traversée de voie de transports en commun

Danger pour lequel il n'existe pas de symbole

Descente dangereuse avec risque de heurt de véhicules lents

Traversée d'une aire de danger aérien

Débouché sur un quai ou une berge

Endroit fréquenté par les enfants (écoles, terrain de jeux, colonies de vacances)

Débouché de cyclistes venant de droite ou de gauche

Panneaux de danger à prendre plus particulièrement en compte à moto

Risque de manque ou de perte de visibilité

Virage à gauche

Virage à droite

Succession de virages, le 1er est à droite

Succession de virages, le 1er est à gauche

Risque de perte de contrôle

Cassis ou dos-d'âne

Ralentisseur

Risque de chute de pierres ou présence de pierres tombées sur la route

Risque de fort vent latéral

Danger précisé par les panonceaux

Passage pour piétons surélevé

Passage d'animaux sauvages

Risque de perte d'adhérence par temps de pluie

Chaussée particulièrement glissante

Passage d'animaux domestiques

Passage de cavaliers

Traversée de voies de tramways

Passage à niveau

Passage pour piétons

Interdiction

Règle générale

L'interdiction commence à hauteur du panneau et s'étend jusqu'à la prochaine intersection ou jusqu'à un signal mettant fin à l'interdiction :

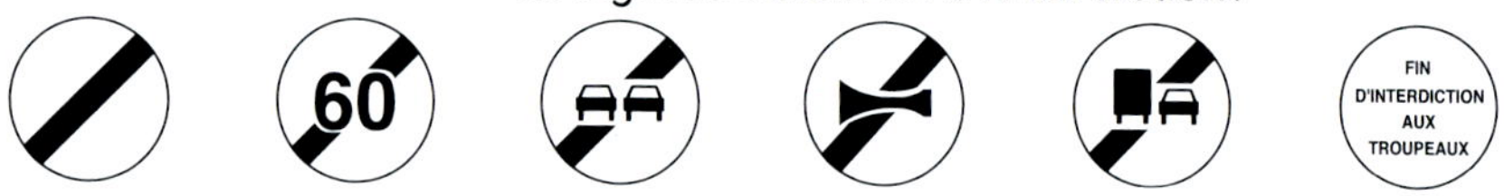

- Fin de toutes les interdictions précédemment signalées et imposées aux véhicules en mouvement
- Fin de limitation de vitesse à 60 km/h
- Fin d'interdiction de dépasser
- Fin d'interdiction de klaxonner
- Fin d'interdiction de dépasser pour les véhicules de transport de marchandises dont le PTAC est > à 3,5 tonnes
- Fin d'une interdiction dont la nature est mentionnée sur le panneau

Pour préciser l'information apportée, les panneaux d'interdiction peuvent être complétés par des panonceaux :

- de distance
- d'étendue
- de catégorie
- directionnels
- d'indications diverses

Certaines interdictions peuvent s'étendre sur toute une zone

Début de zone — Fin de zone — Entrée ou sortie de zone de circulation restreinte

Lorsque 2 panneaux se superposent, chaque panneau se lit séparément sans tenir compte de celui qui peut l'accompagner.

Accès interdit aux motos.

Vitesse limitée à 50 km/h pour tous.

À moto, vous êtes concerné par ces interdictions

Vitesse limitée à 50 km/h.

Vous ne pouvez dépasser qu'un deux-roues sans sidecar.

En cas de circulation en sens interdit, le motard encourt une contravention de 4e classe.

Panneaux d'interdiction

Circulation interdite à tout véhicule dans les 2 sens

Sens interdit

Interdiction de tourner à gauche à la prochaine intersection

Interdiction de tourner à droite à la prochaine intersection

Interdiction de faire demi-tour jusqu'à la prochaine intersection incluse

Interdiction de dépasser tous les véhicules à moteur autres que les 2 roues sans side-car

L'interdiction de dépasser concerne seulement les transports de marchandises de plus de 3,5 t

Arrêt obligatoire au poste de douane

Arrêt obligatoire au barrage de gendarmerie

Arrêt obligatoire au barrage de police

Arrêt obligatoire au poste de péage

Accès interdit aux véhicules à moteur à l'exception des cyclomoteurs

Accès interdit à tous les véhicules à moteur

Accès interdit aux véhicules affectés au transport de marchandises

Accès interdit aux piétons

Accès interdit aux cycles

Accès interdit aux véhicules à traction animale

Accès interdit aux véhicules agricoles à moteur

Accès interdit aux véhicules de transport en commun

Accès interdit aux cyclomoteurs

Accès interdit aux motos et motos légères

Limitation de vitesse

Cédez le passage à la circulation venant en sens inverse

Signaux sonores interdits

Accès interdit aux véhicules dont le PTAC (ou le PTRA) dépasse le poids indiqué sur le panneau

Accès interdit aux véhicules tractant une caravane ou une remorque de plus de 250 kg

Accès interdit aux véhicules pesant sur un essieu plus de 2 tonnes

Accès interdit aux véhicules ou ensembles de véhicules ayant une longueur, chargement compris > à 10 m

Accès interdit aux véhicules dont la largeur, chargement compris, dépasse la dimension indiquée

Accès interdit aux véhicules dont la hauteur, chargement compris, dépasse la dimension indiquée

Interdiction aux véhicules de circuler sans maintenir entre eux au moins l'intervalle indiqué

Accès interdit aux véhicules transportant des marchandises explosives ou facilement inflammables

Accès interdit aux véhicules transportant des marchandises susceptibles de polluer les eaux

Accès interdit aux véhicules transportant des marchandises dangereuses

Interdiction dont la nature est mentionnée par une inscription sur le panneau

Indication

Règle générale

Indication routière

Indication de confort

Ils donnent des indications routières spécifiques ou apportent des indications dites de confort.
Ils sont implantés à proximité de ce qu'ils signalent.

Ils peuvent être complétés par un panonceau :
- de distance, quand ils sont placés en amont 200 m,
- de catégorie, quand l'information ne concerne que certains usagers.

Panneaux d'indications routières

Indication aux frontières rappelant les limites de vitesse en territoire français

Radar Contrôles automatiques

Circulation autorisée inter-files

Impasse ou rue sans issue

Impasse avec issue pour les piétons

Impasse avec issue pour les piétons et les cyclistes

Voie de détresse

Vitesse conseillée souvent associée à une onde verte

Emplacement d'arrêt d'urgence

Traversée de voie de véhicules routiers des services réguliers de transport en commun

Lieu aménagé pour le stationnement. Parking

Station d'autopartage

Lieu aménagé pour le stationnement gratuit à durée limitée avec contrôle par disque

Stationnement payant

Parking réservé aux transports en commun

Priorité par rapport à la circulation venant en sens inverse

Station de taxis

Passage pour piétons

Ralentisseur (surélévation de la chaussée)

Circulation à sens unique

Signalisation par voie

Réduction du nombre de voies sur route à chaussées séparées

Annonce d'un créneau de dépassement ou d'une route à 2 x 2 voies

Créneau de dépassement sur section de route à 3 voies

Section de route à 3 voies. Créneau de dépassement en sens inverse

Chaussée à double sens dont le sens opposé est réservé à la circulation des autobus

Chaussée à double sens, dont le sens opposé est réservé à la circulation des cycles

Fin de créneau de dépassement

Route à accès réglementé

Fin de route à accès réglementé

Piste ou bande cyclable conseillée et réservée aux cycles à 2 ou 3 roues

Fin d'une piste ou d'une bande cyclable conseillée et réservée aux cycles à 2 ou 3 roues

Fin de vitesse conseillée

Présignalisation de la praticabilité d'une route

Route fermée. Section ouverte jusqu'au lieu indiqué

Annonce d'une route à vitesse régulée

Conditions particulières de circulation par voie sur la route suivie

Conditions particulières de circulation sur la route transversale

Conditions particulières de circulation. Ici, double sens cyclable sur la chaussée rencontrée

Présignalisation du début d'une section routière ou autoroutière à péage

Présignalisation d'une gare de péage avec retrait du ticket de péage ou paiement du péage

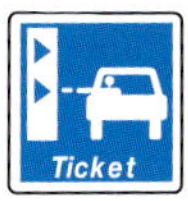

Présignalisation d'une borne de retrait de ticket de péage

Présignalisation du paiement du péage

Paiement auprès d'un péagiste

Paiement par carte bancaire

Paiement automatique par pièces de monnaie

Paiement automatique par pièces de monnaie et billets

Paiement par abonnement. La voie est réservée aux usagers abonnés

Présignalisation d'une aire de service ou de repos sur autoroute ou sur route à chaussées séparées

Entrée

Sortie

Ce signal indique l'entrée d'un tunnel où il est interdit de faire demi-tour, de s'arrêter et de stationner en dehors des emplacements d'arrêt d'urgence prévus à cet effet et où l'allumage des feux de croisement est obligatoire

Début d'une section d'autoroute

Fin d'une section d'autoroute

Entrée et sortie d'une aire piétonne

Arrêt de bus

Traversée de voies de tramway

Début et fin de voie verte

La signalisation routière

Panneaux d'indication de confort

Risque d'incendie — Poste de secours — Informations relatives aux services ou activités touristiques — Poste d'appel d'urgence — Cabine téléphonique publique — Point de gonflage gratuit

Gare auto-train — Embarcadère — Moyen de lutte contre l'incendie — Issue de secours vers la droite — Issue de secours vers la gauche — Atelier d'entretien des véhicules

Jalonnement d'un poste d'appel d'urgence vers la droite — Jalonnement piétonnier d'une issue de secours vers la gauche — Auberge de jeunesse — Emplacement pour pique-nique — Installations accessibles pour handicapés

Lieu aménagé pour la pratique du covoiturage — Chambre d'hôtes ou gîte — Station de vidange pour caravanes, autocaravanes et cars — Installations ou services divers — Débit de boissons ou cafétéria ouvert 7j/7j — Panneau d'information faisant partie du relais d'information service

Terrain de camping pour tentes — Terrain de camping pour caravanes et autocaravanes — Parking sous vidéosurveillance — Point de départ d'un itinéraire pédestre — Toilettes ouvertes au public — Restaurant ouvert 7j/7j

Postes de distribution de carburant ouvert 7j/7j et 24h/24h et la recharge des véhicules électriques — Point de vue — Fréquence d'une station de radio dédiée aux informations sur la circulation routière et l'état des routes — Jeux d'enfants — Distributeur de billets de banque — Point de détente

Les bornes

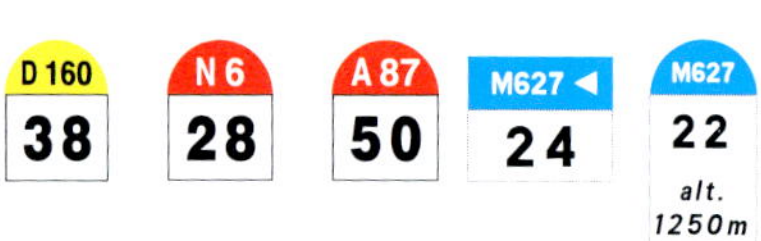

Elles permettent de se repérer.

Elles indiquent le type et le numéro de la route et parfois, une indication de repérage, l'altitude...

Les gestes de l'agent

Les indications données par les agents annulent et remplacent la signalisation et les règles de circulation mises en place.

Lorsqu'un agent règle la circulation et que l'on veut tourner à gauche, il faut le contourner et s'arrêter sans dépasser l'axe de la rue puis poursuivre quand il en donne l'ordre.

Ordre d'importance ▶
L'agent l'emporte sur les feux.
Les feux l'emportent sur les panneaux.

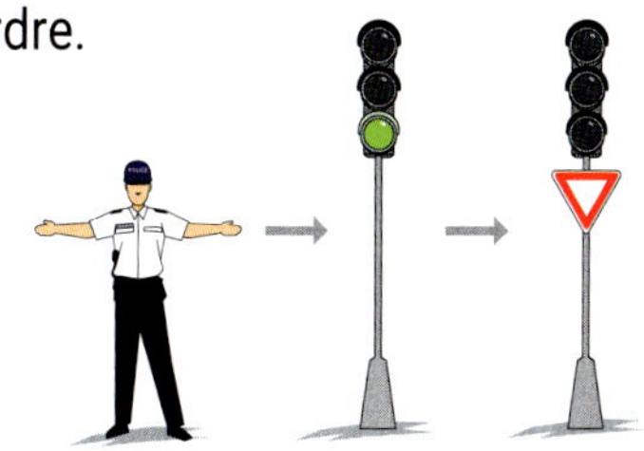

Vu de face ou de dos **Arrêt obligatoire.**

De face ou de dos, un bras levé **S'arrêter.**

Vu de profil **Autorisation de passer.**

Geste de haut en bas de l'avant-bras **Ralentir.**

Geste circulaire de l'avant-bras **Circuler, accélérer.**

Panneaux d'information de sécurité

▲ Zone où la vitesse est contrôlée par un ou des radars automatiques.

▲ Zone où la vitesse est contrôlée par un ou plusieurs dispositifs de contrôle automatisé sur toute la longueur du tunnel, du chantier ou du pont.

▲ Ces panneaux rappellent l'espacement que les usagers doivent laisser entre leur véhicule et celui qui le précède sur autoroutes et sur routes à deux fois deux voies.

Signalisation temporaire

Règle générale

Elle prévaut sur la signalisation en place.

La signalisation temporaire est utilisée en cas de travaux, bouchons, accidents, situations particulières temporaires, etc.
Elle est généralement placée à 50 m du danger en agglomération et à 150 m du danger hors agglomération.

Vous devez être particulièrement vigilant si vous rencontrez ces panneaux :

- **Problème d'adhérence**
  Fluides répandus au sol, bouts de verre, etc.

- **Problème de détectabilité**

- **Problème de tenue de route**

Signalisation dynamique

Règle générale

Elle délivre des messages en temps réel qui sont modifiés en fonction de l'évolution d'une situation.
Elle est présente sur autoroute, entre autres.
Elle peut :

- **Prévenir un danger** → Pour éviter un suraccident.
- **Informer** → En donnant, par exemple, en temps réel les conditions de circulation.
- **Gérer le trafic** → Afin d'optimiser le fonctionnement des réseaux en harmonisant les vitesses, les arrêts et/ou contrôle du trafic, ainsi que les éventuels détournements de tout ou partie du trafic.

Panneaux de signalisation temporaire

Annonce de signaux lumineux réglant la circulation — Chaussée rétrécie — Chaussée glissante — Projection de gravillons — Annonce de nappes de brouillard ou de fumées épaisses

Cassis, dos-d'âne — Travaux — Accident — Bouchon — Autres dangers : ils peuvent ou non être précisés par un panonceau

Panneaux d'indications diverses

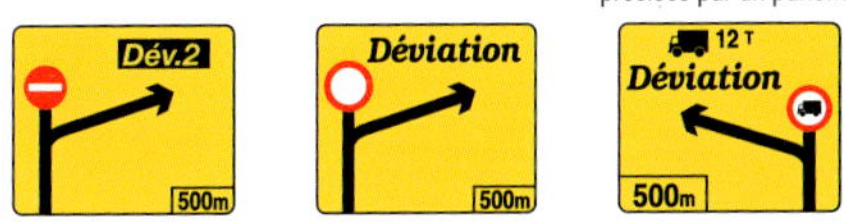

Présignalisation de déviation — Présignalisation de déviation — Présignalisation de déviation catégorielle

Présignalisation de l'origine d'un itinéraire de déviation par adjonction d'un cartouche jaune — Présignalisation de changement de chaussée : circulation sur une voie — Affectation des voies : 1 voie dans un sens 2 voies en sens inverse — Direction de déviation avec mention de la ville — Annonce de la réduction du nombre de voies laissées libres à la circulation sur routes à chaussées séparées

Fin de déviation — Barrière, signal de position d'une déviation ou d'un rétrécissement temporaire de chaussée — Dispositif conique. Signalisation de position des limites d'obstacles temporaires — Autorisation de passer / Accès interdit : Piquets mobiles — Barrage. Signalisation de position d'un obstacle temporaire

---

Accident — Queue de bouchon — Danger — Arrivée d'un train. Barrières fermées

Chute de neige ou pluie verglaçante en cours ou prévue — Présence de nappes de brouillard ou de fumées épaisses — Détection avérée d'animal sur la chaussée — Présence proche d'un ou de plusieurs piétons sur les voies ou sur la bande d'arrêt d'urgence.

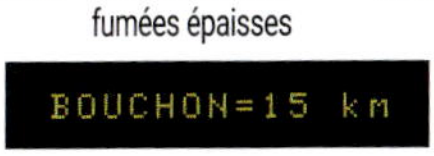

Panneau à message variable (PMV)

Feu jaune clignotant en bas : on peut passer avec prudence.

Les panonceaux

Règle générale

Ils viennent compléter les informations fournies par les panneaux.
Ils peuvent préciser une étendue, la catégorie d'usagers, la voie concernée ou donner diverses indications.

Un panonceau peut être commun à un panneau de danger et un panneau d'interdiction.

Les signaux sont alors placés dans cet ordre.

Panonceaux de distance

Il précise que la limitation à 70 km/h prendra effet à 200 m.

Panonceaux d'étendue

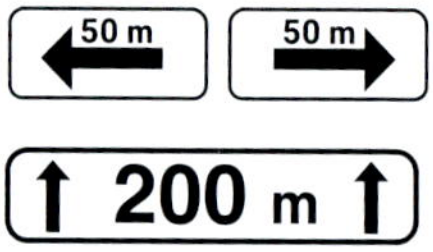

Il précise que la limitation à 30 km/h va s'étendre sur 200 m.

Panonceaux directionnels

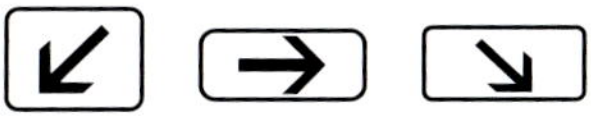

Ils précisent la voie concernée par le panneau.

Panonceaux de catégorie

Ils précisent la catégorie d'usagers concernée par le panneau.

Véhicules dont le PTAC ou le PTRA est ≤ à 3,5 t

Véhicules de transport en commun de personnes

Motos et motos légères

Cycles

Cyclomoteurs

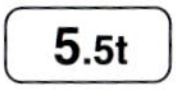

Véhicules dont le PTAC ou PTRA est > à 5,5 t

Véhicules de transport de marchandises

Véhicules pesant plus de 2 t sur un essieu

Véhicules agricoles à moteur

Véhicules tractant une remorque de plus de 250 kg et dont le PTRA est ≤ à 3,5 t

Installations accessibles aux handicapés physiques

Piétons

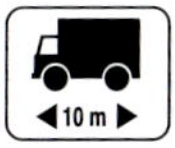

Véhicules ayant une longueur > à 10 m

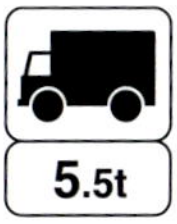

Transport de marchandises dont le PTAC ou le PTRA est > à 5,5 t

Véhicules tractant une remorque dont le PTAC est > à 250 kg

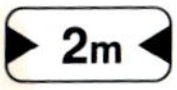

Véhicules ayant une largeur > à 2 m

Véhicules ayant une hauteur totale > à 3,5 m

Véhicules équipés de chaînes à neige

La prescription donnée par le panneau associé ne s'applique pas aux cyclistes

Risque de heurt de véhicules lents

Personne à mobilité réduite

Véhicule électrique

Panonceaux d'indications diverses

Ils précisent ou modifient les indications données par le panneau.
Ici le panneau annonce un danger et le premier panonceau précise qu'il s'agit de rainurages.
Le deuxième panonceau indique la catégorie d'usagers concernée.

Aire de danger aérien

Voie ferrée électrifiée

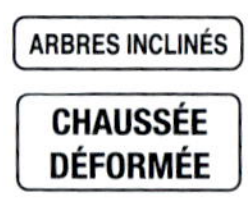

Indications diverses par inscription

Passage pour piétons surélevé

Indique que l'emplacement d'arrêt d'urgence est doté d'un poste d'appel d'urgence et d'un moyen de lutte contre l'incendie

Panonceaux d'indications diverses associés à un feu tricolore

Le panonceau précise que le cycliste est autorisé à franchir le feu au rouge en cédant le passage aux piétons et véhicules engagés.

Autorisation pour les cyclistes de tourner à droite malgré le feu rouge ou jaune.

Autorisation pour les cyclistes d'aller tout droit et à droite malgré le feu rouge ou jaune.

Panonceaux d'identification

Ils sont placés au-dessus de certains panneaux et permettent d'identifier le type de route, le numéro d'un échangeur, etc.

Panonceau indiquant le numéro d'une route ou d'une autoroute

Panonceau indiquant le numéro d'un échangeur

Panonceau indiquant l'accès à une rocade

Balises de position

Elles guident les usagers et signalent l'endroit précis d'un danger particulier.

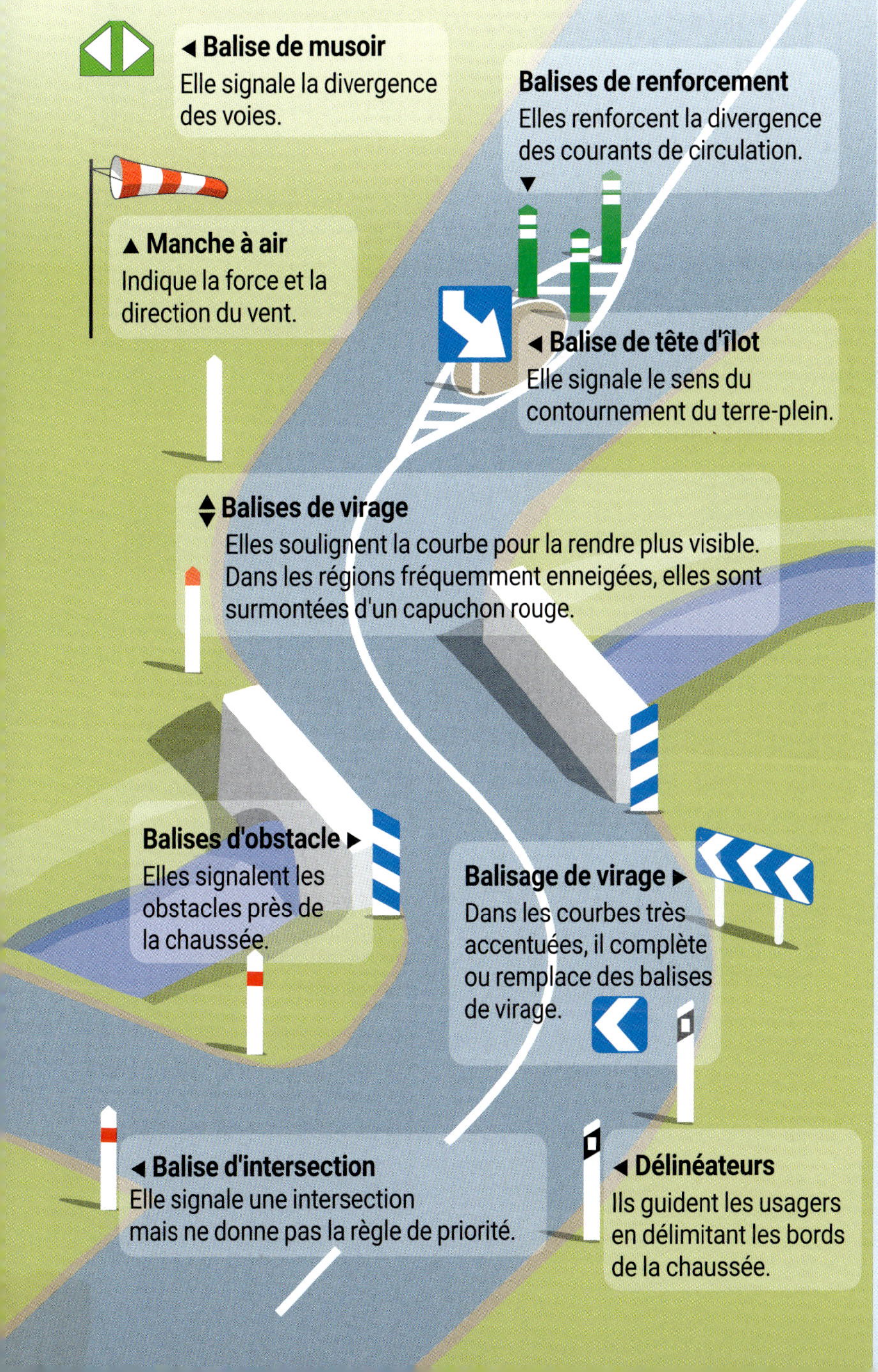

Les panneaux de direction

Des couleurs pour s'orienter

- **Bleu :** itinéraires autoroutiers.
- **Vert :** itinéraires reliant des grandes villes.
- **Blanc :** directions locales.
- **Jaune :** itinéraires temporaires ou bis ou de substitution.
- **Marron :** sites touristiques.

Les panneaux de direction aident le conducteur à suivre un itinéraire.
- Ils annoncent les intersections.
- Ils indiquent les villes desservies.
- Ils précisent le type et le numéro des routes.

La lecture des panneaux de direction se fera dans cet ordre :

① 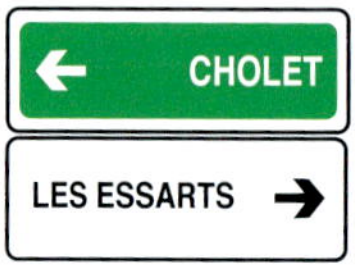

Directions à prendre aux prochaines intersections en fonction de l'itinéraire choisi.

② 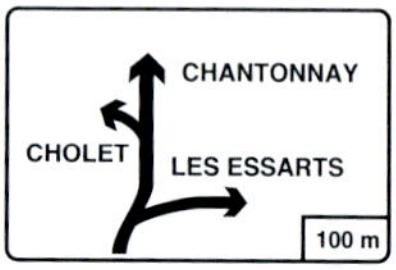

Le tracé de la route sur le panneau permet d'anticiper 100 m avant l'intersection.

③ 

Placé dans l'intersection, il faut tourner devant le panneau.

Cartouches et encarts

Les panneaux de direction sont souvent complétés par des cartouches ou des encarts de couleurs qui indiquent le numéro et la catégorie de la route.

Les cartouches *identifient la route sur laquelle est implanté le panneau.*

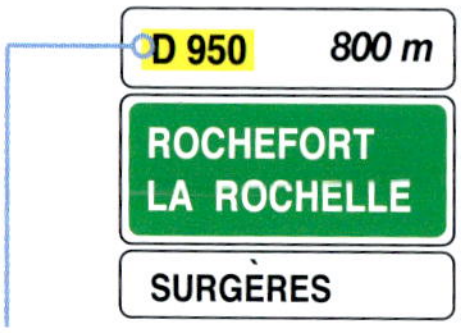

Les encarts *identifient la route ou les autoroutes qu'il est possible de rejoindre.*

La couleur, la lettre, le numéro de la route permettent de se repérer sur une carte :

E 11	A 75	N 89	D 28	M 627	C 6	R 2
Réseau européen	Autoroute	Route nationale	Route départementale	Route métropolitaine	Réseau communal	Route rurale

Les idéogrammes et les symboles

Idéogrammes

Direction vers un aéroport.

L'itinéraire Bis permet de fluidifier la circulation.
Il n'est jamais obligatoire.

Lorsque le réseau principal connaît souvent des perturbations, un itinéraire de substitution est prévu.

Symboles

Le **symbole autoroute** figure parfois sur les panneaux, pour signaler qu'une partie de l'itinéraire peut se faire par autoroute.

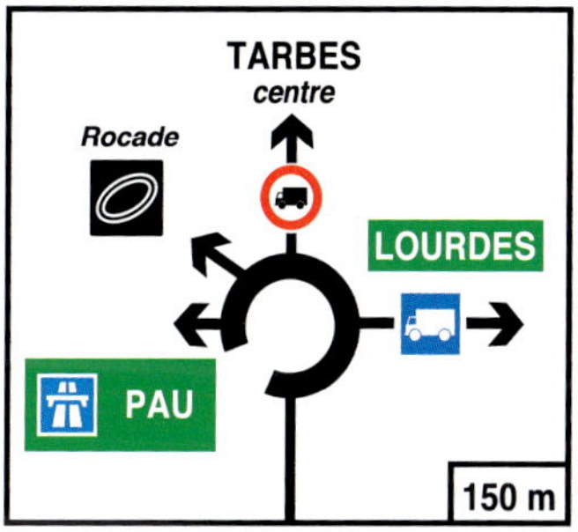

Les **symboles d'indication** désignent les catégories d'usagers pour lesquels un itinéraire est recommandé ou spécialement prévu.

Les **symboles d'interdiction** désignent les catégories d'usagers qui ne peuvent pas prendre la direction annoncée.

Le **symbole rocade** est placé sur les panneaux de direction et annonce les rocades urbaines.

Le marquage au sol

Règle générale

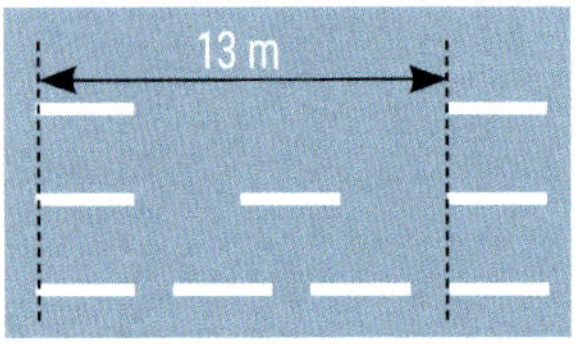

Il vient compléter les informations fournies par les panneaux et sert à guider le conducteur.

Les intervalles qui les séparent sont plus ou moins longs, mais en additionnant la longueur des traits et des intervalles, on aboutit toujours à une longueur totale de 13 mètres.

Ligne de rive:

• **sur route**

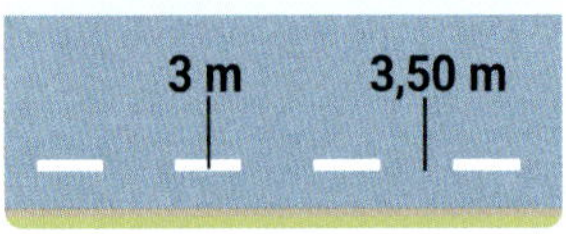

Elle délimite le bord de la chaussée.
Il est permis de la franchir pour s'arrêter ou stationner.
Dans les sens uniques, la ligne de rive à gauche est continue.

• **sur autoroute**

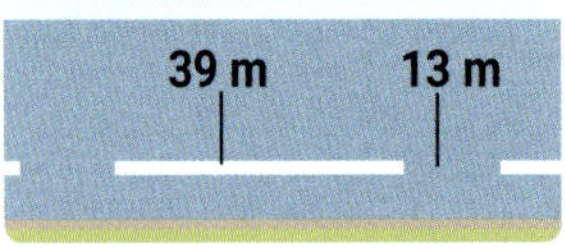

Sur autoroute, elle délimite la bande d'arrêt d'urgence. La voie la plus à gauche est délimitée par une ligne continue le long du terre-plein central (confirmation que l'on circule en sens unique).

Ligne de séparation des voies

Ligne continue
Elle délimite la voie dans laquelle on doit rester. Interdiction de la franchir ou de la chevaucher.

-3 pts *En cas de franchissement d'une ligne continue, le motard encourt une contravention de 4e classe.*

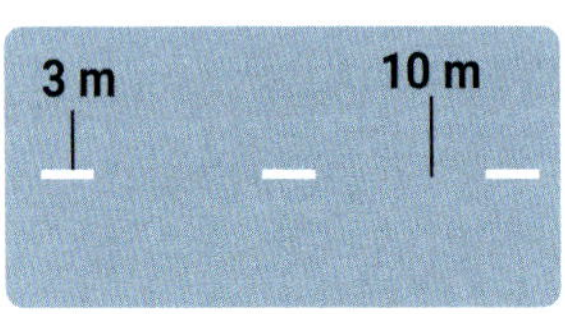

Ligne discontinue
Elle peut être franchie uniquement pour dépasser ou changer de direction.

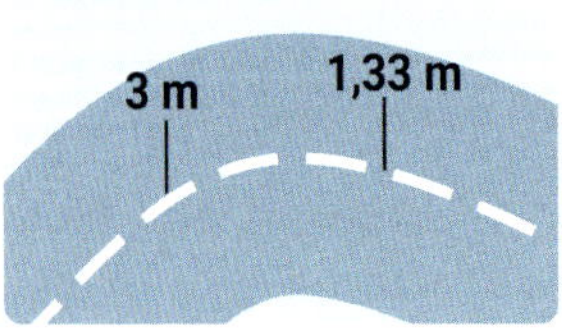

Ligne de dissuasion
Cette ligne autorise le dépassement des véhicules roulant lentement (tracteurs, voiturettes...) sur des routes étroites et sinueuses ou vallonnées.

Ligne mixte

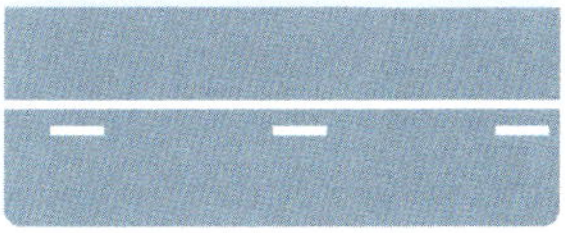

C'est une ligne composée d'une ligne continue et d'une discontinue accolées. Le conducteur doit tenir compte de la ligne la plus proche de lui, l'autre concerne le sens de circulation inverse.

Ligne d'avertissement

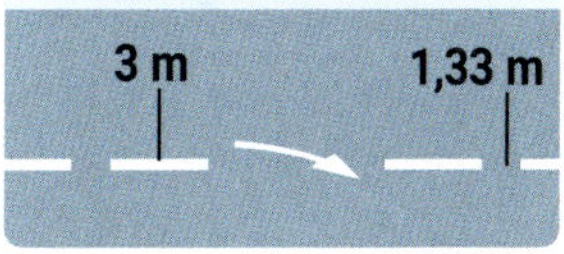

Elle annonce une ligne continue et comporte des flèches de rabattement.

Flèches de rabattement

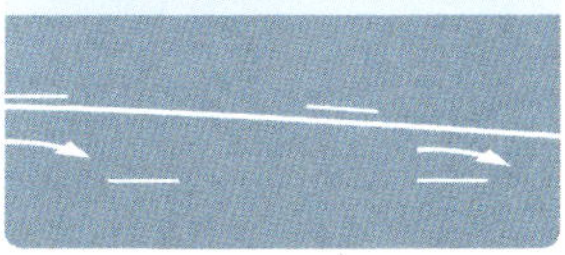

Au nombre de 3, elles sont intercalées dans une ligne d'avertissement ou placées au milieu d'une voie qui va être supprimée dans un sens de circulation.

Elles obligent les conducteurs qui circulent dans le sens de ces flèches à se rabattre à droite.

Flèches directionnelles

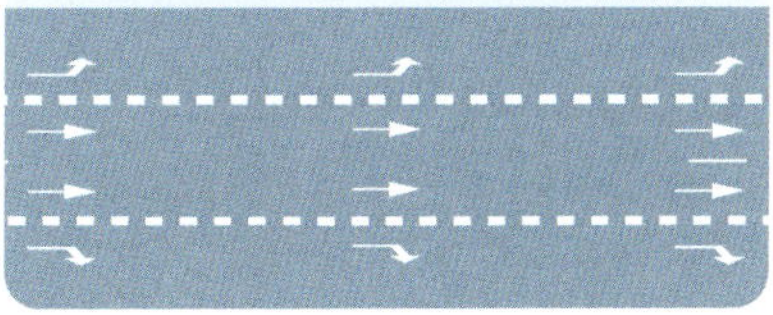

Elles sont répétées 3 fois dans chacune des voies appelées "voies de stockage".

Elles facilitent le placement sur la chaussée quand le conducteur a sélectionné sa direction.

Les intersections

Règle générale

Qu'il s'agisse d'une intersection traditionnelle ou complexe, d'un rond-point ou d'un sens giratoire, une intersection permet aux différents usagers de changer ou de confirmer leur direction.

- **Redoubler de vigilance**

Les intersections sont des zones dangereuses. Aussi quel que soit le régime de priorité, en les abordant, les conducteurs doivent redoubler de vigilance. De plus ces derniers doivent parfaitement connaître les panneaux et la réglementation routière qui régit chacune d'entre elles pour agir en sécurité.

Les panneaux d'intersection

Adapter le comportement

Spécifiques aux intersections, le conducteur doit être en mesure de les identifier rapidement afin d'adopter le comportement qui convient.

Panneaux de danger

- **150 m avant le danger hors agglomération**
- **50 m avant le danger en agglomération.**

Intersection à priorité à droite
Le conducteur est tenu de céder le passage à tous les usagers arrivant sur sa droite.

Priorité ponctuelle
Le conducteur bénéficie de la priorité de passage à la prochaine intersection seulement.

Carrefour à sens giratoire
Le conducteur est tenu de céder le passage à tous les usagers arrivant sur sa gauche.

Feu tricolore
Le conducteur va rencontrer un feu tricolore.

Route à caractère prioritaire
Le conducteur bénéficie de la priorité de passage à toutes les intersections jusqu'à ce qu'il rencontre le panneau de fin de route à caractère prioritaire.

Fin de route à caractère prioritaire
Possibilité de rencontrer tous types d'intersections après ce panneau.

Balise d'intersection
Elle est implantée à l'endroit où est située l'intersection. Elle n'indique pas le régime de priorité.

Annonce de stop
Placé 150 mètres avant l'intersection.

Annonce de Cédez-le-passage
Placé 150 mètres avant l'intersection.

Stop
Obligation de marquer l'arrêt à la ligne de Stop.
Céder la priorité aux usagers arrivant de droite et de gauche.

Cédez le passage
Céder la priorité aux usagers arrivant de droite et de gauche.

Détecter une intersection

Les plus visibles sont celles qui sont balisées au moyen de panneaux et/ou de marquages.

Pour ne pas se faire surprendre ou surprendre un autre usager, il est important de détecter en avance la présence d'une intersection.

Pour cela il faut observer l'environnement et repérer en avance les différents panneaux et indices :

▲ Le panneau de priorité ponctuelle annonce qu'à environ 150 m, il y aura une intersection.
Une exploration visuelle me permet de la localiser.

Observer, analyser les indices

Des indices peuvent permettre de détecter en avance une intersection. Certains n'ont rien à voir avec la réglementation routière.

▲ *Les feux du véhicule et la réflexion des feux dans le panneau indiquent une intersection à gauche.*

▲ *Ces deux panneaux aident à détecter une intersection devant le bus.*

Identifier une intersection

Lorsque les panneaux et/ou les marquages au sol sont présents, ce sont eux qui statuent sur le régime de priorité.

Une fois l'intersection détectée, il faut adapter l'allure et le comportement jusqu'à pouvoir être en mesure d'identifier le régime de priorité et d'évaluer la présence ou non d'autres usagers.

Intersection où l'on bénéficie de la priorité

Pour connaître le régime de priorité d'une intersection, il suffit de regarder au sol, si un marquage STOP ou Cédez-le-passage est présent.
Et lorsqu'on ne peut avoir une visibilité qu'en hauteur, il faut essayer d'apercevoir ces panneaux de côté ou de dos.

Cédez-le-passage et marquage de cédez-le-passage.

Stop et marquage de STOP.

Intersection où l'on ne bénéficie pas de la priorité

Lorsqu'aucun marquage au sol n'est présent et qu'on n'aperçoit pas de panneaux en hauteur, il y a de fortes chances que la priorité soit donnée aux usagers arrivant sur la droite, ou que la rue soit à sens unique !

▲ On **détecte** au loin les trottoirs qui se coupent, les murs de clôture et les buissons qui forment un angle.
Une ligne de STOP au sol et un panneau permettent d'**identifier** que le motard aura la priorité de passage en franchissant cette intersection.

▲ Le motard n'a pas la priorité à cette intersection.
Mais comme la visibilité est bonne et que personne ne vient de droite, le motard peut franchir l'intersection sans s'arrêter et sans ralentir davantage.

Les intersections complexes

Les panonceaux schémas

Ils peuvent être ajoutés aux panneaux d'intersection.

Route sur laquelle on doit céder le passage.

Route sur laquelle on est prioritaire.

Le véhicule jaune ne circule pas sur l'itinéraire prioritaire. Il devra céder la priorité s'il tourne à droite ou s'il va en face.

La moto circule sur l'itinéraire prioritaire. Elle ne conservera la priorité de passage que si elle reste sur l'itinéraire prioritaire. Si elle tourne à gauche, elle va couper la voie de circulation des usagers arrivant en face. Elle devra donc leur laisser le passage.

Ils apportent des précisions quant à l'itinéraire prioritaire.

Pour les lire, il faut considérer qu'on est placé en bas du panneau.

Le véhicule vert circule sur l'itinéraire prioritaire et quelle que soit la direction qu'il souhaite emprunter, il conservera la priorité de passage.

Le véhicule rouge circule aussi sur l'axe prioritaire,
mais il ne conservera
la priorité de passage que s'il tourne sur sa droite.

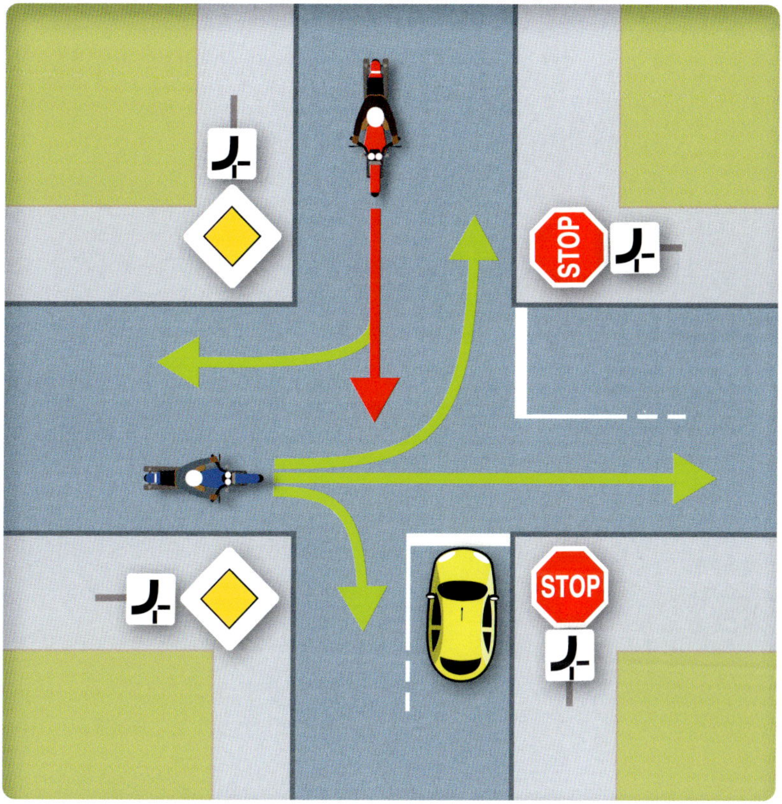

Le véhicule bleu circule
sur l'axe prioritaire.
Quelle que soit sa direction,
il conserve la priorité.

Le véhicule jaune est arrêté
à un STOP, après avoir marqué
l'arrêt, il devra céder le passage
à tous les usagers.

4 pts

En cas de non-respect d'un STOP ou d'un feu rouge (fixe ou clignotant), le motard encourt une contravention de 4e classe.

Les feux tricolores

Au vert on passe, au jaune (sauf situation risquée) et au rouge on doit s'arrêter!

Feu vert

Donne l'autorisation de passer (de continuer tout droit, de tourner à droite ou à gauche).

Feu jaune

Annonce le rouge.
S'arrêter sauf risque d'accident.

Feu rouge

Impose l'arrêt à l'aplomb du support ou avant un passage piétons ou à hauteur de la ligne d'effet ou du sas cycliste.
Le feu des piétons est au vert.

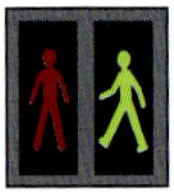

Feu jaune clignotant à la place du vert

Annonce un danger particulier.

Les feux ne fonctionnent pas

On cède la priorité à droite ou on applique la règle énoncée par le panneau.

ou

L'usager applique la règle de la priorité à droite.

ou

L'usager applique la règle énoncée par le panneau.

Ici, cédez le passage à droite. et à gauche

Les feux de piétons

Important

Bien évaluer la présence de piétons lorsqu'on tourne à droite ou à gauche après un feu au vert.

La traversée d'un piéton peut surprendre le motard qui vient de passer un feu vert.
Et s'arrêter en virage (donc roue avant tournée) peut être périlleux, notamment pour les petits gabarits ou lorsque la moto est lourde ou chargée.

▲ **Feux et flèche supplémentaire.**

Cette flèche jaune clignotante autorise à tourner à droite avec prudence et en cédant le passage aux autres véhicules ou piétons.

▲ **Feux en forme de flèches.**

Ils alternent un ordre de passage en fonction de la direction que l'on veut prendre.
Une flèche verte qui autorise à tourner à gauche signifie que les usagers en face sont arrêtés à un feu rouge.

◀ *À certaines intersections, le feu des usagers venant en sens inverse est décalé dans le temps pour permettre au conducteur de tourner à gauche sans avoir à céder le passage. Une croix indique la couleur du feu.*

-6 pts

En cas de non-respect de la priorité aux piétons, le motard encourt une contravention de 4e classe.

Le positionnement sur la chaussée

Se placer sur la chaussée en ligne droite

Règle générale

Chaque fois que la situation, l'état de la chaussée, la configuration des lieux et les conditions météorologiques le permettent, le motard doit se placer selon la trajectoire de sécurité.

Se positionner pour appréhender le profil de la route

Le motard se positionnera différemment s'il circule en agglomération ou hors agglomération ou s'il est en ligne droite ou en virage.

N.B. : En groupe, les motards ne sont pas autorisés à rouler de front et les petites cylindrées sont toujours placées devant.

- **En agglomération** → Placement au centre de la voie, de façon à augmenter le coussin de sécurité avec les autres usagers.

- **Hors agglomération** → Sur la droite de sa voie de circulation, en conservant un coussin de sécurité avec l'axe médian et l'accotement.

3 pts

Ne pas maintenir son véhicule sur le bord droit de la chaussée en marche normale est puni par une contravention de 4e classe.

▲ *Placement en agglomération.*

▲ *Placement hors agglomération.*

Se placer sur une chaussée à plusieurs voies de circulation

Règle générale

Le motard doit circuler dans la voie la plus à droite, sans pour autant emprunter une voie réservée.

Placement sur chaussée à voies de présélection

Lorsque plusieurs voies permettent d'aller dans une même direction, le motard doit rouler dans la voie la plus à droite lui permettant d'aller dans la direction souhaitée.

▲ *Le motard circule dans la voie la plus à droite.*

▲ Ne pas se placer dans la voie réservée.

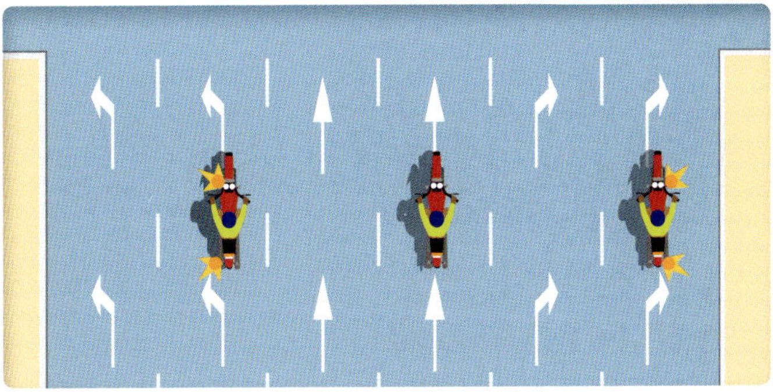

▲ Placement sur chaussée à plusieurs voies.

▲ Placement avec voies de présélection.

Les ronds-points

L'absence de panneau détermine un régime de priorité à droite.

De petites ou grandes tailles, ils se caractérisent par un régime de priorité à droite. Ce qui signifie que c'est l'usager sur l'anneau qui s'arrête pour laisser entrer un autre usager venant de droite.

La voiture rouge s'arrête pour laisser la priorité aux véhicules bleu et jaune.

Les carrefours à sens giratoire

Annonce le carrefour

Un panneau spécifique annonce souvent leur proximité.

Annonce le régime de priorité

Un panneau de « cédez-le-passage » est situé à leur entrée.

Ordre de passage
Priorité aux usagers arrivant de gauche

Avant de s'engager, évaluer les intentions des usagers arrivant sur l'anneau ainsi que celles des usagers en attente sur les voies situées sur votre gauche.

▲ *Rond-point sans signalisation.*

▲ *Carrefour à sens giratoire.*

Se placer dans les carrefours à sens giratoire

Se placer

- À droite pour aller à droite et tout droit.
- Possibilité de se placer à gauche pour aller à gauche et faire 1/2 tour.

Respecter le placement permet de fluidifier le trafic et évite les risques d'accrochage.
Pour faciliter le choix du placement, on coupe généralement le giratoire en deux.
Les voies à droite du trait de séparation nécessiteront un placement sur l'extérieur de l'anneau.
Pour les voies situées à gauche de la séparation, possibilité d'emprunter l'intérieur de l'anneau (aidera à fluidifier le trafic) ou de rester sur l'extérieur de l'anneau.
Si on est perdu, rester sur l'extérieur de l'anneau jusqu'à trouver sa sortie.

Communiquer

- Clignotant avant d'entrer pour aller à droite ou à gauche.
- Clignotant avant la sortie pour aller tout droit.

Mettre le clignotant permet d'informer les autres usagers de la direction prise, et donc d'aider à fluidifier la circulation.

Pour aller à droite: clignotant droit avant d'entrer sur le rond-point, le conserver jusqu'à la sortie.

Pour aller tout droit: entrer sans clignotant et mise du clignotant droit, une voie avant la voie de sortie.

Pour aller à gauche: clignotant gauche avant d'entrer et le basculer à droite une voie avant la voie de sortie (si placement voie intérieure).

Précautions

- Contrôler les angles morts.
- Respecter les usagers vulnérables.
- Perte de priorité lorsqu'on change de voie.

Toujours contrôler l'angle mort avant de changer de voie ou de sortir du rond-point.
Attention aux vélos circulant sur la bande cyclable.
Il est possible qu'ils continuent sur l'anneau alors que vous souhaitez sortir du giratoire.
Lorsqu'on change de voie on perd la priorité.

Carrefour à sens giratoire.
+
CÉDEZ LE PASSAGE
+
Obligation de tourner à droite.
Le vélo puis la voiture.
Le vélo puis la moto.
Le vélo et la voiture tournent ensemble parce qu'il y a une bande cyclable vers la sortie.
Pour tourner à droite ou aller tout droit.
Pour tourner à gauche ou faire un demi-tour.

Les changements de direction

Règle générale — Tout changement de direction doit être anticipé.

- **Contrôler** → Il faut d'abord contrôler que personne n'est en train de nous dépasser en vérifiant les rétroviseurs et angles morts.
- **Avertir** → Il faut ensuite avertir de ses intentions en mettant le clignotant du côté où l'on souhaite tourner.
- **Se positionner** → Et pour finir il faut se placer en accord avec la direction dans laquelle on souhaite aller.

Tourner à droite

Cette situation n'est pas sans risque :

Tourner à droite à un STOP ou à un Cédez-le-passage

Le principal risque tient au fait qu'un véhicule peut être en train d'en dépasser un autre.
Le motard doit donc être très vigilant avant de s'engager sur la chaussée.
Cette situation est aussi possible en tournant à gauche.

Serrer le bord droit de la chaussée.

Le principal risque tient au fait qu'il faudra peut-être franchir une bande cyclable ou anticiper sur l'éventuelle traversée de piétons.
Le motard devra alors s'arrêter en courbe.

-4 pts

En cas de non-respect des règles de priorité fixées, le motard encourt une contravention de 4e classe ainsi qu'une suspension possible du permis pour une durée de 3 ans ou plus.

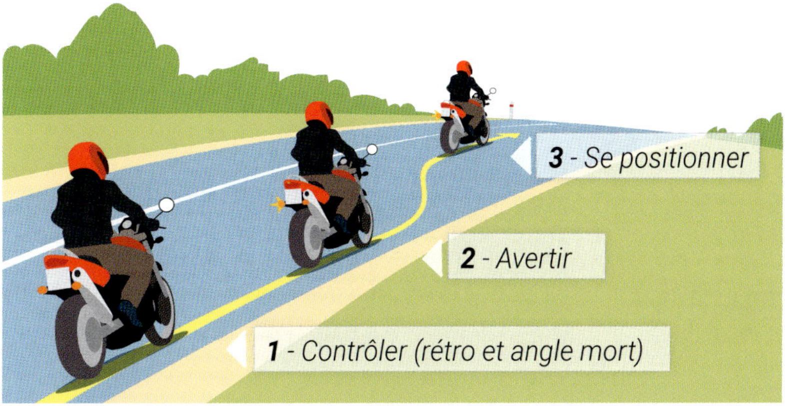

▲ *Les étapes d'un changement de direction.*

▲ *Tourner à droite n'est pas sans risque.*

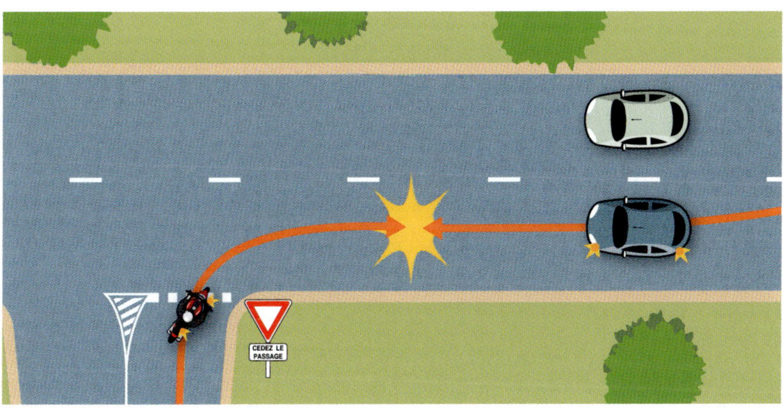

▲ *Vérifiez la circulation venant de droite.*

Tourner à gauche

Sur une route à double sens

Serrer à gauche sans dépasser l'axe de la chaussée.

Tourner en contournant le centre de l'intersection.

Sur une route à 3 voies à double sens

Se placer dans la voie du milieu.

Pour éviter toute confusion avec un dépassement, faire clignoter les feux stop le plus tôt possible.

Sur une chaussée à sens unique

Se placer dans la voie la plus à gauche.

Dans un carrefour "à l'indonésienne"

Tourner en passant devant le véhicule qui fait face et qui veut aussi tourner à gauche.

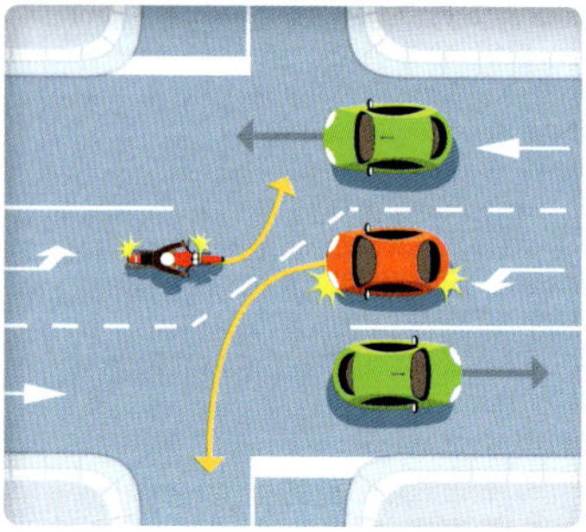

▲ *Carrefour à l'indonésienne.*

▲ *Sens unique.*

▲ *Voie de stockage.*

> 3 pts
>
> *En cas d'oubli du clignotant, avant un changement de direction, le motard encourt une contravention de 2ᵉ classe.*

Les voies réservées

Certains usagers ont leur propre voie de circulation

■ **Piétons**

Piétons et EDP

Ils doivent de préférence circuler sur les trottoirs, d'où l'interdiction pour les 2RM d'y stationner (sauf indication contraire).

■ **Cyclistes**

Cyclistes et conducteurs d'EDPM

Dès que c'est possible, il est plus sécuritaire pour eux de circuler sur une bande ou une piste cyclable. Attention les SAS cyclistes leur sont réservés.

■ **Bus**

Pour qu'ils puissent remplir leur fonction de transport d'usagers, des voies leur sont réservées en agglomération.

■ **Taxis**

Ils sont parfois autorisés à partager la même voie que les bus.
Dans ce cas un panonceau le précise.

■ **Véhicules lents**

Voie réservée et obligatoire pour les véhicules ne pouvant pas rouler à + de 60 km/h.

Voie présente le plus souvent sur autoroute, route express mais possible sur route à double sens, dès lors que le relief présente de fortes côtes, afin de permettre aux véhicules lents d'y circuler.

En cas de circulation dans une voie réservée, le motard encourt une contravention de 4e classe.

1 Cette ligne matérialise l'endroit où le conducteur doit s'arrêter pour laisser traverser un piéton.

2 Des voies de circulation sont réservées aux bus des lignes régulières.

Un panonceau complète le panneau si l'accès est autorisé aux taxis ou aux cyclistes ou à tous à certaines heures.

3 Sas vélo : permet aux cyclistes et aux conducteurs d'EDPM d'être vus et de démarrer avant les voitures.

4 Les trottoirs sont réservés à la circulation des piétons.

Jusqu'à 8 ans, les enfants peuvent circuler à vélo sur les trottoirs.

5 Les cyclistes et les conducteurs d'EDPM disposent de voies et de pistes qui leur sont réservées.

Quand elles sont autorisées aux cyclomoteurs, un panonceau le précise. 

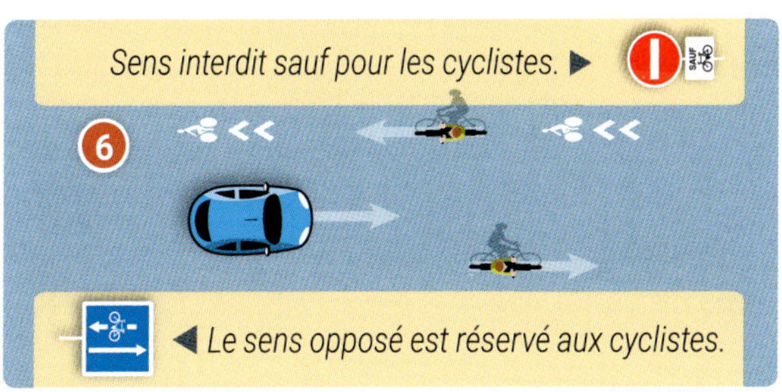

6

◀ Double sens cyclable (Vélos et EDPM).

Les limitations de vitesse

Règle générale

Elles sont fonction du type de route, des lieux, de la météo et de l'expérience du conducteur.

En ville

Ce panneau 

limite la vitesse à 50 km/h et interdit l'usage du klaxon sauf danger immédiat.

Un panneau 

implanté après le panneau d'entrée d'agglomération ne concerne que cette rue.

La limitation concerne toute la ville.

Hors agglomération

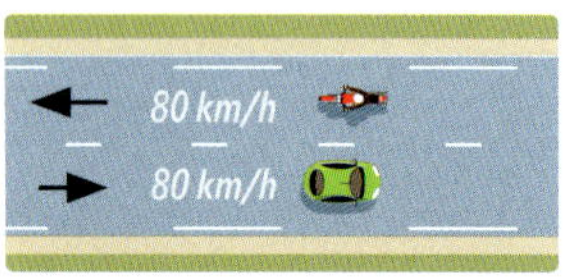

Route à double sens

Elles peuvent être à deux voies, trois voies ou quatre voies.

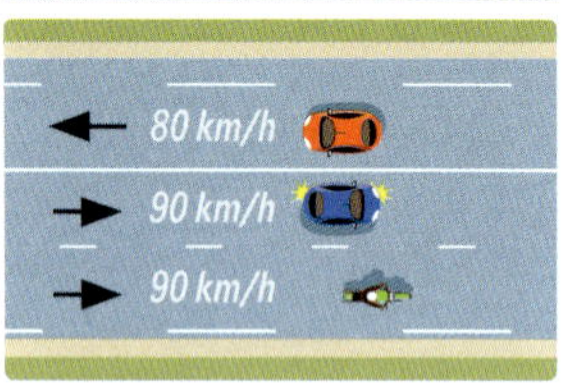

Si la section de route comporte au moins deux voies affectées à un même sens de circulation, la vitesse est limitée à 90 km/h (80 km/h par temps de pluie) uniquement sur ces deux voies.

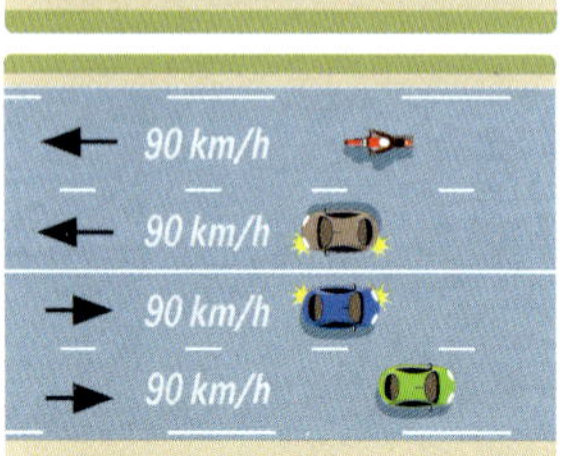

Si la section de route comporte deux fois deux voies séparées par une ligne axiale, la vitesse est limitée à 90 km/h (80 km/h par temps de pluie) sur toutes les voies.

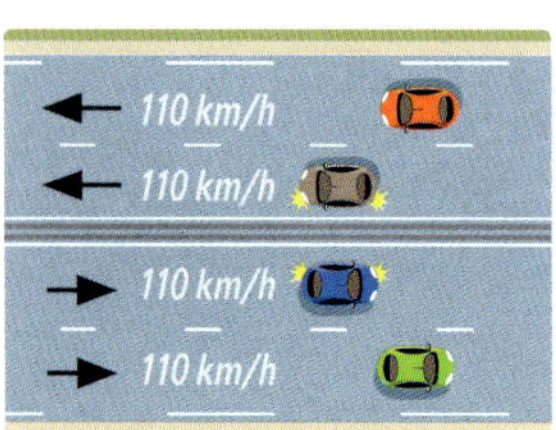

Route à sens unique

Elles comportent deux chaussées séparées par un terre-plein central. Sauf indication contraire, la vitesse est limitée à 110 km/h (100 km/h par temps de pluie).

▼ *La vitesse maximale autorisée est différente en fonction du type de route.*

Types de route	Conditions normales de circulation	Pluie	Visibilité inférieure à 50 m	Jeunes conducteurs
Autoroute	130	110	50	110
Séparée par un terre-plein	110	100	50	100
2 x 2 voies à double sens	90	80	50	80
Double sens	80	80	50	80

* Lorsque la section de route à double sens comporte au moins deux voies affectées à un même sens de circulation, la vitesse maximale est relevée à 90 km/h.

Les limites sont abaissées :

- *en cas de pluie,*
- *pour les conducteurs soumis au* (A) *,*
- *quand la visibilité est réduite à moins de 50 m (brouillard).*

-1 pt

En cas de dépassement de 1 à 19 km/h de la vitesse maximale autorisée (> 50 km/h), le motard encourt une contravention de 3e classe.

-4 pts

En cas de dépassement de 40 à 49 km/h de la vitesse maximale autorisée, le motard encourt une contravention de 4e classe et une suspension de permis jusqu'à 3 ans.

-6 pts

En cas de dépassement de 50 km/h de la vitesse maximale autorisée, le motard encourt une contravention de 5e classe (1 500 € max.) et une suspension de permis jusqu'à 3 ans.

L'arrêt

Arrêt : Immobilisation temporaire

La moto est à l'arrêt pendant la montée ou la descente d'un passager, ou lorsque le motard charge ou décharge sa moto.
L'important c'est qu'il soit à proximité de sa machine et puisse la déplacer rapidement si besoin.

=
Stationnement interdit.
Arrêt autorisé.

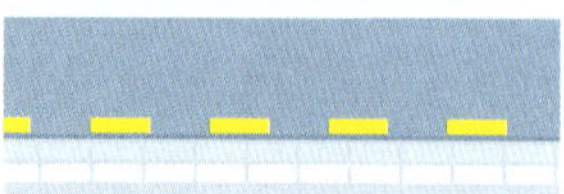

Lorsque le marquage est jaune discontinu, ou lorsque ce panneau est présent, l'arrêt est autorisé sur la chaussée jusqu'à la prochaine intersection. Par contre le stationnement est interdit.

Entrée de zone à stationnement interdit.

Ce panneau autorise l'arrêt et interdit le stationnement dans toute la zone jusqu'au panneau de fin de zone ou de sortie d'agglomération.

Le stationnement

Stationnement : Immobilisation plus ou moins prolongée du véhicule en l'absence du conducteur

Est considéré comme stationnement, tout arrêt prolongé pendant lequel le motard n'est pas à proximité immédiate de sa machine.

=
Arrêt et stationnement interdits.

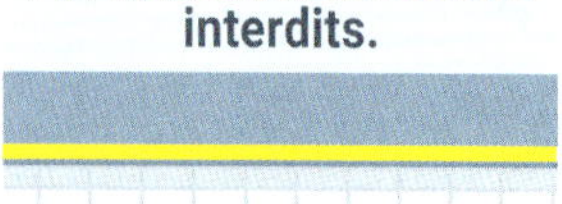

Lorsque le marquage est jaune continu, ou lorsque ce panneau est présent, l'arrêt et le stationnement sont interdits sur la chaussée jusqu'à la prochaine intersection.

▲ *Arrêt.*

L'arrêt et le stationnement sont formellement interdits sur les trottoirs.

En cas de stationnement gênant, le motard s'expose à une immobilisation et mise en fourrière de sa machine, ainsi qu'une contravention de 2ème classe.

L'arrêt et le stationnement

Où s'arrêter à moto ?

À moto, on ne peut pas s'arrêter n'importe où ?

Tout comme en voiture, à moto, on ne peut pas s'arrêter n'importe où et même pour un temps très court.

En agglomération

Sont considérés comme arrêt et stationnement :

■ Dangereux…

À proximité des intersections, des virages, des sommets de côte, des passages à niveau, etc.

- Sur la chaussée la nuit ou par temps de brouillard dans un lieu où il n'y a pas d'éclairage public et lorsque le véhicule n'a pas de feux allumés.

■ Très gênants…

Sur les endroits réservés à la circulation d'autres usagers :

- sur les trottoirs (sauf indication contraire), les bandes cyclables, les voies d'autobus, de taxis…,
- sur une distance de 5 mètres en amont des passages piétons (voiture uniquement),
- sur les emplacements réservés aux titulaires de la carte handicapé.

■ Gênants…

- À hauteur d'une ligne continue si cela oblige les autres usagers à la chevaucher.
- Sur les ponts, dans les passages souterrains et dans les tunnels.

■ Stationnement interdit

L'arrêt est toléré lorsque le conducteur a la possibilité de bouger son véhicule à tout moment.

- Devant les entrées privées, les garages, les parcs…
- En double file.
- Sur les emplacements réservés aux véhicules de livraisons ou au rechargement des véhicules électriques.

▲ *Arrêt très gênant.*

▲ *Privilégier les emplacements réservés aux deux-roues motorisés.*

Hors agglomération

La nuit

Sur l'accotement ou dans les parkings, aucune raison de signaler le véhicule.

Si pour cause d'incident mécanique ou autre, un véhicule est immobilisé en partie sur la chaussée, il est impératif de le signaler avec les feux de détresse et un triangle de présignalisation en plus des feux.

Arrêt et stationnement interdits

Dangereux...

C'est un stationnement qui, par son positionnement peut être à l'origine d'un accident.

À proximité :

- des intersections,
- des virages,
- des sommets de côte,
- des passages à niveau.

Très gênants...

C'est un stationnement qui, sans être dangereux, peut provoquer une gêne à la circulation. Amende de 4e classe.

- À proximité des panneaux pour ne pas les cacher.
- Sur les voies vertes, les bandes et pistes cyclables.
- Sur les passages réservés aux piétons en traversée de chaussée.

Gênants...

C'est un stationnement qui, sans être dangereux, peut provoquer une gêne à la circulation. Amende de 2e classe.

- Sur les ponts, dans les passages souterrains et les tunnels.
- Aux emplacements réservés à l'arrêt des cars parce que cela les obligerait à s'arrêter sur la chaussée.
- Sur la bande d'arrêt d'urgence.

▲ *Arrêt très gênant.*

▲ *Arrêt gênant.*

Alcool : dépistage et vérification

Contrôle alcoolémie

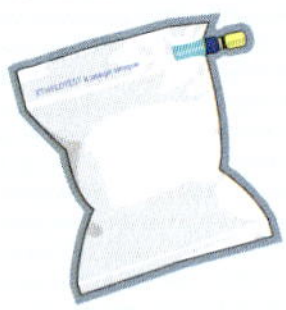

(Auto) testez-vous !

Test = Présomption (Éthylotest).

Mesure = Preuve (Éthylomètre - Prise de sang).

En cas d'alcoolémie positive, la moto est immobilisée jusqu'à ce qu'un conducteur sobre puisse reprendre le guidon.

Éthylotest chimique : le réactif vire au vert au contact de l'alcool.
Éthylotest électronique : l'appareil électronique affiche directement l'alcoolémie.

Éthylomètre : il mesure directement et précisément la concentration d'alcool dans l'air expiré (mg/l d'air).

Ce contrôle précis et non contestable est obligatoire en cas de résultat positif avec l'alcootest ou l'éthylotest, de refus du test ou d'ivresse importante.

En cas d'impossibilité de faire autrement, une prise de sang est effectuée (g/l de sang).

Les forces de l'ordre contrôlent les conducteurs.

- **Contrôles obligatoires :**
  en cas d'accident corporel (blessures), mortel ou d'infraction grave (non-respect d'un signal de priorité de passage par exemple).
- **Contrôles facultatifs :**
  en cas d'accident matériel, (même non responsable), d'infraction, ou en cas de simple soupçon lors d'un contrôle routier.

Contravention : *dès 0,20 g/l de sang pour les conducteurs en période probatoire. Dès 0,50 g/l de sang pour les autres. Retrait de 6 points.*

Délit : *à partir de 0,80 g/l de sang pour tous les conducteurs (0,40 mg/l d'air expiré). Retrait de 6 points.*

Attention ! *Le fait de refuser de se soumettre aux vérifications est un délit. Le conducteur encourt un retrait de 6 points, 4 500 € d'amende, et 2 ans de prison.*

Avant de reprendre le guidon, testez-vous !

▲ *Éthylotest chimique.*

▲ *Gonflez le ballon.*

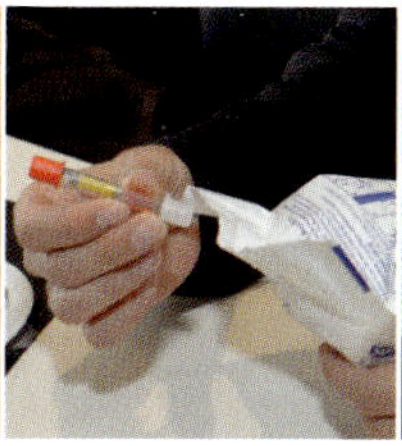

▲ *Installez l'embout et dégonflez le ballon.*

▲ *Vérifiez le résultat.*

▲ *Éthylotest électronique.*

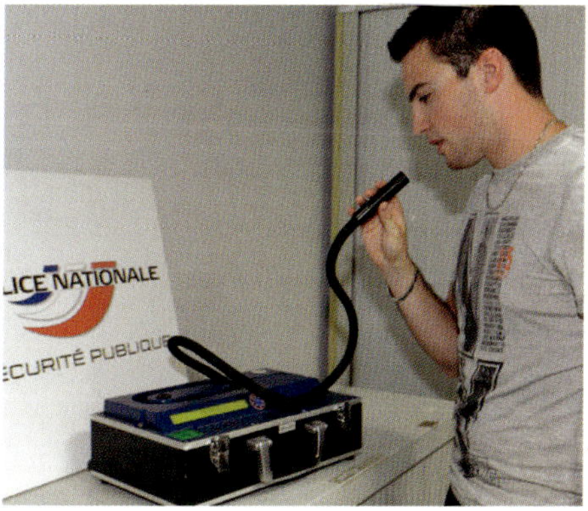

Mesure d'alcoolémie par éthylomètre. ▶

Drogues : dépistage

Contrôle des drogues
Test salivaire ou analyse d'urine.

En cas de dépistage positif, la moto est immobilisée. La plupart des drogues sont détectables par test salivaire.

En cas de forte suspicion, un test urinaire peut être fait.

Le dépistage des stupéfiants est systématique en cas d'accident corporel ou mortel. Il est aussi possible lors d'accident matériel, d'excès de vitesse, de non-port du casque ou s'il n'est pas correctement attaché, de non-respect d'un signal de priorité ou sur simple soupçon de consommation lors d'un contrôle.

Conduire après consommation de stupéfiants est un délit et fait encourir les mêmes peines qu'une alcoolémie de 0,80 g/l.

Médicaments : dépistage

**Du médicament pour le rhume aux antidépresseurs...
En conduite, il n'y a qu'un minuscule fossé.**

Il n'existe pas de test permettant, lors d'un simple contrôle, de détecter que l'usager est sous influence de médicaments pouvant altérer sa conduite.

Mais en cas d'accident, une prise de sang pourra révéler quels produits ont été ingérés.

Les médicaments traitant une pathologie simple comme un rhume, peuvent avoir chez certaines personnes des effets aussi néfastes que des médicaments permettant de soigner une pathologie beaucoup plus douloureuse ou sérieuse.

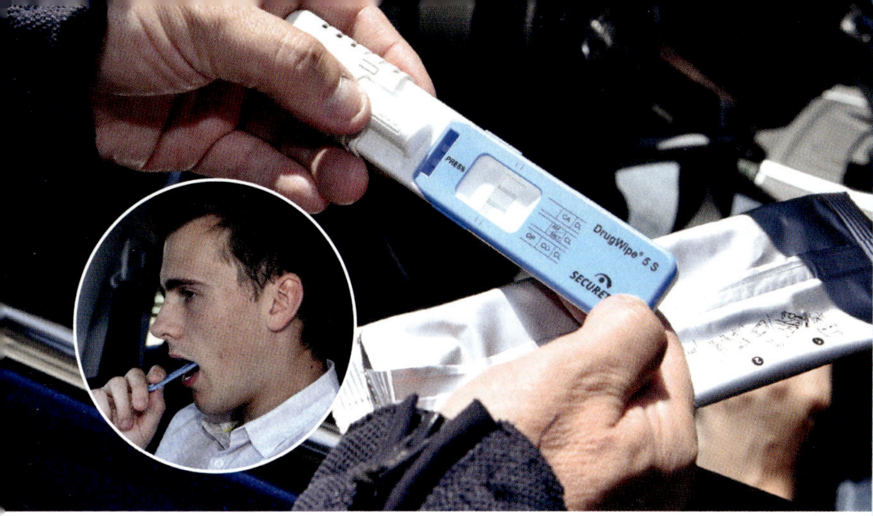

▲ *Test salivaire.*

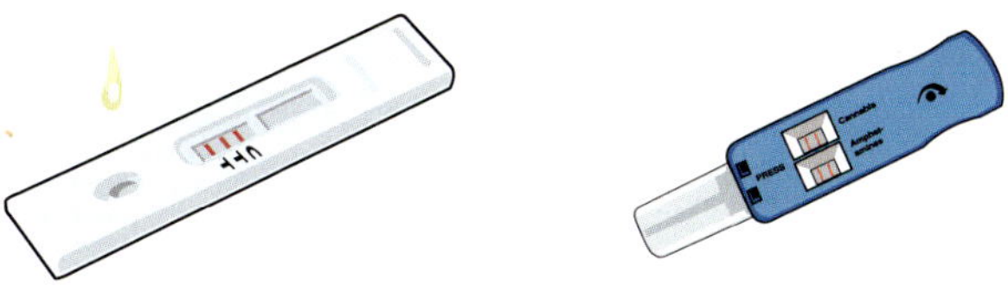

▲ *Les traces de cannabis peuvent rester jusqu'à cinq jours dans les urines, voire plus si la consommation est régulière.*

Se croiser

Règle générale

Les croisements s'effectuent par la droite.

Signalisation gérant le croisement

Vous pouvez passer.

Vous devez céder le passage en face.

Vous devez vous arrêter.

Dépasser

Règle générale

Les dépassements s'effectuent généralement par la gauche.

La signalisation qui interdit le dépassement

Dépassement interdit de tous les véhicules à moteur sauf les 2 roues sans side-car.

Ces panneaux mettent fin à l'interdiction de dépasser.

Dépassement interdit à l'approche d'une intersection lorsque le conducteur doit céder le passage ou s'arrêter !

Ces panneaux imposent de céder le passage. Ils interdisent en même temps de dépasser.

Possibilité de dépasser un cycliste si personne ne vient de droite.

Dépassement interdit à l'approche des passages à niveau sans barrière.

On ne peut pas en même temps céder le passage aux trains et dépasser !

▲ *La voiture doit céder le passage au motard.*

La voiture en face rencontre ce panneau : 

▲ *Distance de sécurité latérale : 1,50 m minimum hors agglomération.*

▲ *Passage à niveau à fonctionnement automatique.*

Conditions indispensables pour dépasser

Vérifier qu'aucune signalisation n'interdit la manœuvre (panneau ou marquage)

Ne pas gêner devant

S'assurer de la bonne visibilité vers l'avant.
Dans l'idéal, aucun véhicule ne doit venir en face. Le véhicule que l'on envisage de dépasser ne doit pas avoir d'obstacle devant lui qui l'obligerait à faire un écart à gauche (un piéton ou un cycliste, par exemple).

Il est interdit de dépasser:

- à l'approche des virages ou d'un sommet de côte, sauf si la chaussée bénéficie de 2 voies allant dans le même sens de circulation,
- par temps de brouillard, de forte pluie ou de chute de neige si la visibilité est insuffisante,
- en suivant quelqu'un sur les routes à double sens si on ne voit pas devant,
- un engin de service hivernal en mission (gyrophares bleus).

Ne pas gêner derrière

Vérifier que personne n'est sur le point de nous dépasser.
Ne pas oublier de tourner la tête à gauche pour s'assurer que personne n'est dans la zone de l'angle mort.

Ne pas dépasser la vitesse maximale autorisée

Pouvoir se rabattre

Avant de commencer la manœuvre, il faut prévoir de se rabattre sans gêner le véhicule dépassé et surtout sans lui faire une "queue de poisson".

Lorsque vous dépassez plusieurs véhicules à la fois, regardez loin afin d'anticiper sur un éventuel véhicule mal positionné (serré à droite) et pourtant désireux de tourner à gauche.

-3 pts

En cas de dépassement dangereux, le motard encourt une contravention de 4e classe. Suspension du permis possible.

▲ *La signalisation autorise le dépassement, la visibilité est bonne, la distance de sécurité latérale est correcte.*

▲ *Distance de sécurité latérale lors du dépassement d'un 2 roues : 1 m minimum en agglomération.*

▲ *Comprendre les intentions des autres conducteurs avant de dépasser.*

Comment dépasser en toute sécurité ?

Rouler plus vite que le véhicule à dépasser.

Allier vitesse réglementaire et réserve de puissance pour que le dépassement ne dure pas trop longtemps.

Avertir en allumant le clignotant gauche.

- Le clignotant gauche est indispensable et s'adresse surtout aux usagers qui suivent.
- Le klaxon ou un appel lumineux est nécessaire si le conducteur qui précède roule trop au milieu de la voie par exemple.
- Maintenir le clignotant pour dépasser plusieurs véhicules.

Déboîter après un dernier contrôle.

Un contrôle direct peut être utile surtout sur les routes larges (sens unique par exemple), pour être sûr que personne ne se trouve dans l'angle mort.

Dépasser en respectant un intervalle latéral suffisant.

Il faut laisser **un intervalle d'au moins 1 mètre en ville et 1,50 mètre hors agglomération** pour dépasser un deux-roues ou un piéton.
Avec les autres usagers, il faut s'écarter autant que possible.

Revenir à droite sans faire de "queue de poisson".

Mettez le clignotant droit et rabattez-vous progressivement en maintenant l'allure.

◀ *Même si les motos possèdent une bonne capacité d'accélération, pour dépasser facilement, la différence de vitesse doit être d'au moins 20 km/h.*

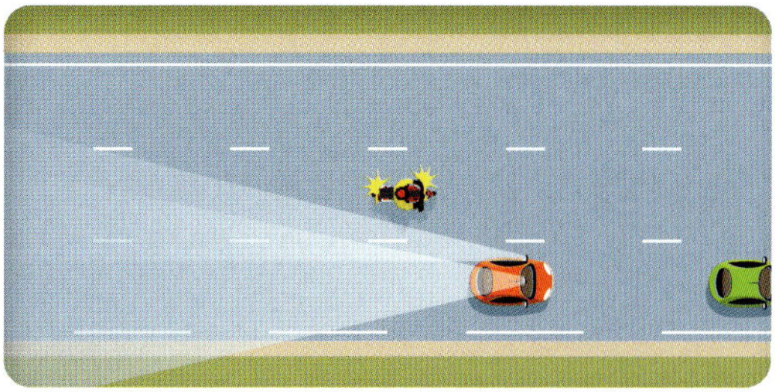

▲ ***Angle mort :*** *zone sans visibilité en dehors du champ des rétroviseurs.*

▲ *Distance de sécurité en dépassant un autre 2 roues.*

Dépassement par la droite

Dépasser par la droite est une manœuvre interdite dans des conditions normales.

On peut dépasser par la droite un véhicule qui a indiqué son intention de tourner à gauche si la place le permet.

Attention, empiéter sur une voie réservée à la circulation d'autres usagers (bande cyclable, voie de bus) est interdit.

Lorsque la circulation s'établit en files ininterrompues, si la file de droite va plus vite que la file de gauche, je continue dans ma file : ce n'est pas considéré comme un dépassement.

Principe de sécurité lors d'un dépassement par la droite.

Tenez compte du faible gabarit de votre machine.

Attention, il arrive que certains véhicules, encombrants ou non, fassent un écart à droite avant de tourner à gauche.

Étant de faible gabarit, il n'est pas toujours évident pour un usager de détecter une moto en approche.

Être dépassé

Ne pas gêner, ne pas surprendre.

Le conducteur qui est sur le point d'être dépassé, doit :

- garder la même allure donc ne pas accélérer afin de ne pas fausser les estimations de l'autre conducteur,
- ralentir pour faciliter le dépassement en cas d'urgence et éventuellement serrer à droite.
- la nuit, repasser en feux de croisement, dès que l'autre conducteur a allumé ses feux de route,

-2 pts

En cas d'accélération alors qu'il est sur le point d'être dépassé, le motard encourt une contravention de 4e classe.
Suspension du permis possible.

▲ *Dépassement interdit.*

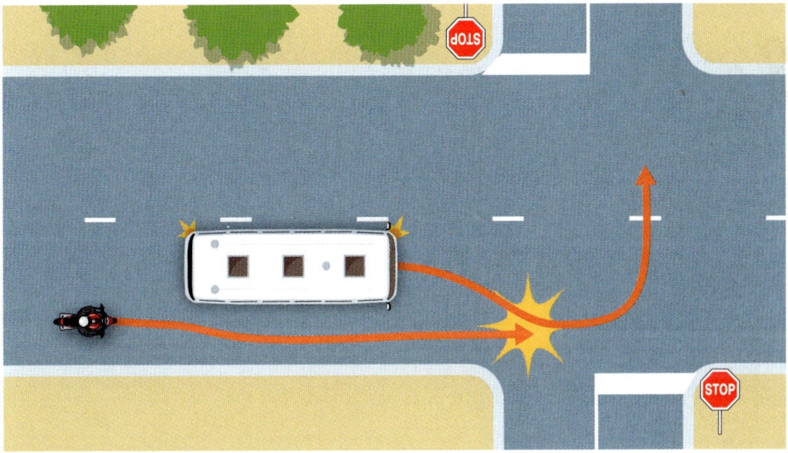

▲ *Risque lors d'un dépassement par la droite.*

▲ *La nuit, pour ne pas gêner l'autre sans perdre de visibilité, il faut changer de feux pratiquement au même moment.*

La traversée de zones dangereuses

Les passages à niveau

Munis de barrières à fonctionnement manuel ou demi-barrières à fonctionnement automatique.

Fonctionnement manuel

C'est un cas rare. Un employé de la SNCF abaisse et relève les barrières.

Demi-barrières automatiques

Le fonctionnement des feux rouges clignotants et de la sonnerie précède de peu la fermeture des demi-barrières.

SIGNAL AUTOMATIQUE — Ce panonceau est facultatif.

Ce panonceau indique une ligne électrifiée à moins de 6 m de hauteur.

Sans barrière ni demi-barrière.

Priorité au train.
Ne pas s'engager sans vérifier si un train arrive.

Arrêt obligatoire au stop.

Arrêt obligatoire au feu rouge clignotant.

Passage à niveau comportant plusieurs voies.

Principe de sécurité en franchissant des rails.
La plupart des accidents sont dus aux mauvais comportements des conducteurs.

Qu'il s'agisse de rails de chemin de fer ou de tramway, le principal risque pour un motard est de les franchir par temps humide. Effectivement ces derniers peuvent se montrer glissants.

Ne vous engagez pas sur le passage à niveau si les feux clignotent au rouge.

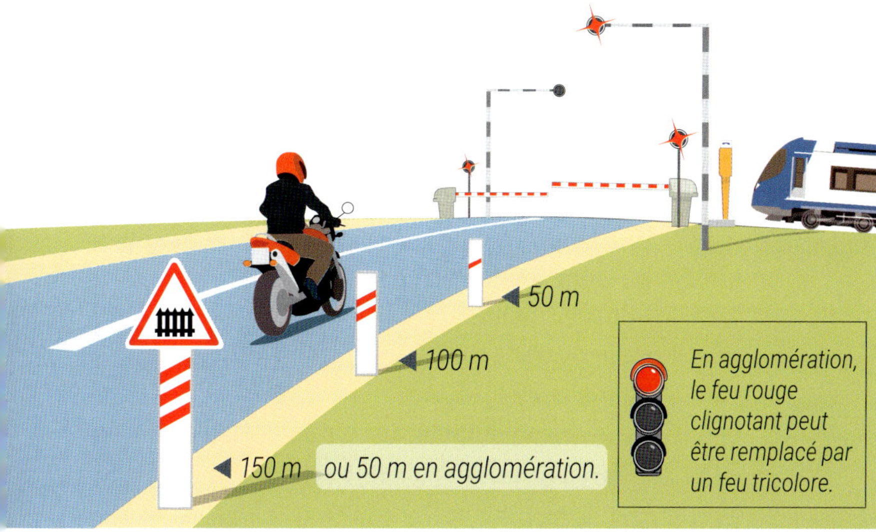

▲ *Passage à niveau avec demi-barrières.*

-4 pts

En cas d'immobilisation sur une voie de chemin de fer, le motard encourt une contravention de 4e classe. Suspension du permis possible.

Les tramways

Les aménagements

La plateforme du tramway est la surface plane où sont implantés les rails grâce auxquels le tramway circule.

En site propre

L'espace de circulation est exclusivement réservé au tramway.
Ce panneau rappelle aux automobilistes qu'il est interdit de s'engager sur la voie du tramway.

Zone mixte

Le tramway est prioritaire sur les véhicules et les piétons.

Les véhicules et le tramway circulent sur le même espace.
Les automobilistes et les cyclistes doivent rester très vigilants et ne pas gêner la circulation du tramway qui reste prioritaire dans tous les cas.

Ce panneau annonce la traversée d'un tramway à 50 mètres.

Ce panneau indique la position de la traversée du tramway.

Généralement, un feu rouge clignotant signale l'arrivée imminente d'un tramway. **L'arrêt est impératif.**

Un tramway peut freiner mais pas dévier de sa trajectoire déterminée par les rails. C'est toujours à vous de l'éviter et de lui laisser sa place.

En traversant la plateforme, vérifiez toujours qu'un deuxième tramway n'arrive pas dans l'autre sens.

Principe de sécurité en roulant dans le même sens que les rails.

Tout comme les rainurages, les rails peuvent contraindre votre moto à suivre leur trajectoire.
Attention à ne pas coincer les pneus dans les rails.

▲ *Ne jamais s'engager sur les voies de tramway sans être sûr de pouvoir dégager cet espace (bouchon par exemple).*

▲ *Feu rouge arrêt absolu !*

▲ *Zone mixte. Attention à bien rester au milieu de la voie !*

Franchissement des tunnels

Entrée de tunnel

Pensez à relever votre écran solaire ou à enlever vos lunettes de soleil, afin d'éviter l'effet "trou noir".

- Interdit de faire demi-tour.
- Interdit de s'arrêter et stationner.
- Obligation d'allumer les feux de croisement.

Respectez la vitesse.

Respectez la vitesse préconisée par les panneaux à l'entrée du tunnel.

Distance de sécurité

Quelle que soit l'allure et même à l'arrêt, la distance minimale de sécurité doit être respectée.

Respectez les distances de sécurité.
Lorsqu'ils existent, utilisez les repères présents dans le tunnel.
Laissez 2 diodes bleues ou 2 chevrons entre vous et le véhicule qui vous précède.

En cas de non-respect de distances de sécurité suffisante dans un tunnel et si récidive à la même infraction dans un délai d'un an, le motard encourt une peine de 6 mois d'emprisonnement et une amende de 3 750 €.

Aménagements de sécurité

Les tunnels, sont équipés d'emplacements d'arrêt d'urgence (garages), de niches de sécurité et d'issues de secours.

Les emplacements d'arrêts d'urgence sont prévus pour éviter les arrêts sur la chaussée.

Des niches de sécurité sont aménagées pour le matériel de secours (extincteurs) et des postes d'appels d'urgence. Impossible de s'y réfugier !

Des issues de secours permettent de sortir du tunnel par un passage sécurisé.

On y est à l'abri des fumées et de la chaleur.

Pensez à relever votre écran solaire.

▲ Diodes bleues délimitant la distance de sécurité inter véhiculaire.

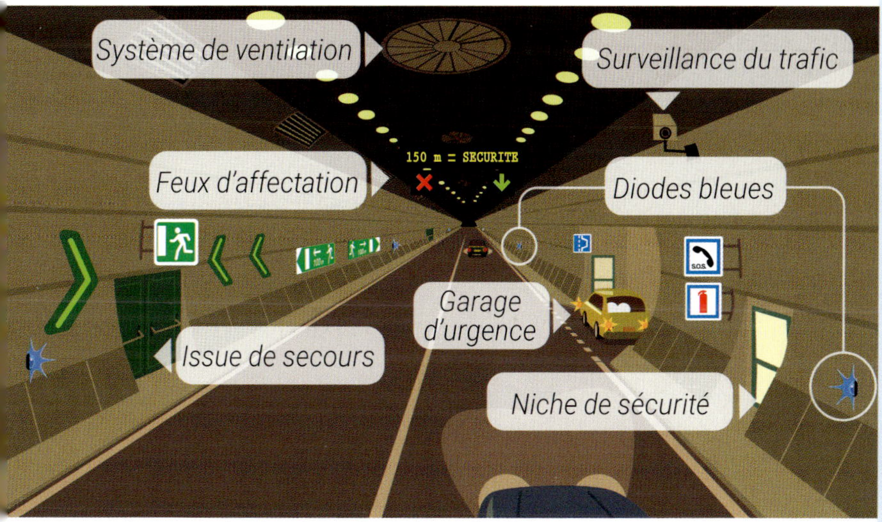

▲ Chaque niche de sécurité est équipée d'extincteurs et d'un poste d'appel d'urgence.

La traversée de zones dangereuses

En cas d'embouteillage
- Allumer les feux de détresse.
- Conserver les distances de sécurité.

Conserver vos distances, couper le moteur et soyez attentif aux messages de sécurité diffusés dans les tunnels.

En cas de panne
Tout incident, même peu important, peut prendre des proportions considérables dans un tunnel.

Pour s'arrêter, il faut :
- allumer les feux de détresse,
- se garer sur un refuge ou sur la bande d'arrêt d'urgence,
- respecter la distance de sécurité imposée,
- couper le moteur,
- contacter les secours à partir d'une borne d'appel d'urgence,
- si votre machine est équipée, allumer une radio diffusée dans le tunnel,
- localiser l'issue de secours la plus proche.

En cas d'incendie
Une fois en sécurité dans les abris, il faut attendre les instructions des services de secours.

Il faut :
- essayer de sortir son véhicule du tunnel sans faire demi-tour !
- essayer d'éteindre l'incendie avec les extincteurs à disposition,
- laisser les clefs sur le contact,
- évacuer le tunnel par l'issue de secours la plus proche.

Il ne faut pas :
- suivre ou dépasser un véhicule en feu ou produisant de la fumée,
- réduire les distances de sécurité à l'arrêt (risque de propagation de l'incendie),
- faire demi-tour,
- rester à côté de son véhicule,
- récupérer des affaires encombrantes avant d'évacuer.

Seules, les issues de secours protègent des fumées toxiques.

▲ *Exemple de message diffusé dans le tunnel.*

◀ *Borne d'appel d'urgence équipée d'extincteur.*

▲ *En cas d'incident les issues de secours sont signalées par des flèches lumineuses ou des lumières fortes.*

La traversée de zones dangereuses

Franchissement de chantiers routiers

Les zones de travaux, le balisage d'un accident ou d'un véhicule en panne, l'intervention de professionnels en bord de route (patrouille, entretien de l'autoroute, dépanneurs, forces de l'ordre...) sont souvent inattendus et gênent parfois l'écoulement normal de la circulation.
Une extrême prudence s'impose lors de la traversée de ces zones.

■ **Travaux**

Des panneaux sur fond jaune et des dispositifs de signalisation spéciaux sont installés pour guider la circulation.

Surveillez votre vitesse → Des radars peuvent contrôler votre vitesse durant toute la traversée du chantier.

Regardez autour de vous → Ne vous laissez pas surprendre par la présence de personnels, d'ouvriers, etc.

Conservez vos distances → Restez attentif aux ralentissements de circulation.

Adaptez l'allure → À l'approche des chantiers routiers, et/ou lors de leur traversée, il n'est pas rare que la route soit souillée. De plus les limitations de vitesse sont souvent abaissées : anticipez et adaptez l'allure.

■ **Principe de sécurité en franchissant un chantier routier.**

Vérifiez l'état de la route.

Il n'est pas rare que la chaussée soit dans un état critique. Ce fait qui ne nécessite qu'un ralentissement de la part des automobilistes peut s'avérer plus problématique pour les motards (risque de projections, de dérapages, de chutes, etc.). Adaptez votre allure.

▲ *Restez vigilant lors de la traversée d'un chantier routier.*

▼ *Attention à l'état de la chaussée lors de la traversée d'un chantier routier.*

L'équipement obligatoire sur une moto

Une moto en règle

Règle générale

Pour pouvoir être en règle lorsqu'elle circule sur l'espace publique, et quel que soit son type, une moto doit posséder certains équipements obligatoires.

Équipements obligatoires sur une moto

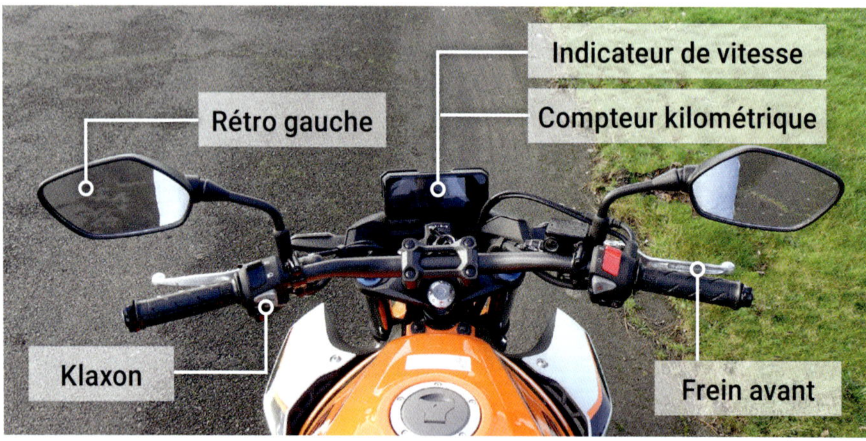

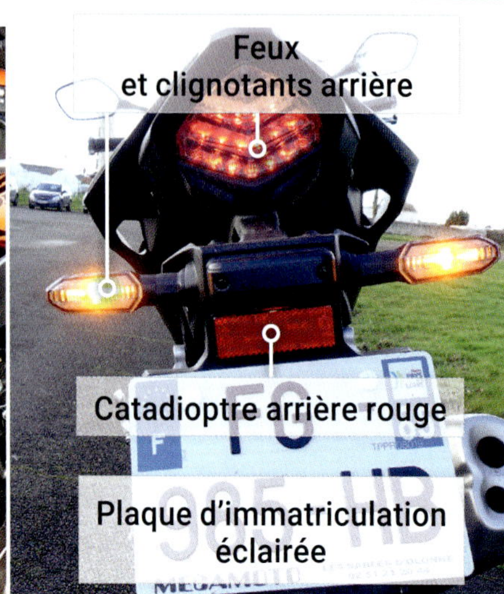

Plaque constructeur
Frein arrière
Antiparasite
Catadioptres latéraux orange
Klaxon
Béquille

L'utilisation des feux

Règle générale

De jour, circuler avec le feu de croisement allumé (ou feu diurne pour les motos qui en sont équipées) est obligatoire. Il permet au motard d'être détecté et mieux vu des autres usagers. De nuit, il lui permet de mieux voir.

Sur les motos récentes, ce feu s'allume automatiquement dès qu'on met le contact.
Il est possible d'optimiser sa visibilité avec des feux additionnels, à l'avant ou à l'arrière.

À l'avant

- 1 ou 2 feu(x) de route : *portée 100 m mini
- 1 ou 2 feu(x) de croisement : *portée 30 m mini
- 1 ou 2 feux de position : *visibles à 150 m
- 2 feux indicateurs de direction de couleur orange
- 2 catadioptres orange

**de nuit par temps clair.*

À l'arrière

- 1 ou 2 feu(x) de position : *visibles à 150 m
- 1 feu STOP rouge
- 2 feux indicateurs de direction de couleur orange
- 1 catadioptre rouge
- 1 feu d'éclairage de plaque

**de nuit par temps clair*

Utilisation des feux

Feu de route : hors agglomération quand on est seul, en agglomération si aucun éclairage public.

Feu de croisement : sur route éclairée, lorsqu'on suit ou croise un usager, lorsqu'on est dépassé, en traversant une agglomération éclairée.

Feu de position : arrêt ou stationnement de nuit sur la chaussée.

Attention la nuit, le feu avant d'une moto n'éclaire pas forcément où le motard a besoin de voir.

Toutes les motos récentes sont équipées de feux de détresse.
Certaines motos haut de gamme sont équipées d'origine de feux de brouillard avant et/ou arrière.

Signaler le véhicule	Éclairer la route	Signaler ou éclairer	Indiquer une action	Indiquer une action
Feu de position	Feu de route	Feu de croisement	Clignotants	Feux de détresse Fcu Stop

▲ *Utilisation des feux de nuit.*

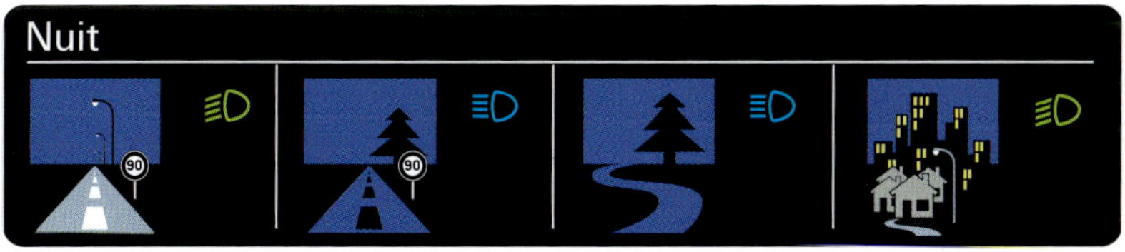

▲ *Route éclairée* ▲ *Route non éclairée* ▲ *Route étroite et sinueuse* ▲ *Ville éclairée*

◀ *Lorsqu'on suit ou croise un usager.*

En cas de circulation sans éclairage ni signalisation, le motard encourt une contravention de 4ᵉ classe. Suspension du permis possible.

La conduite sur voie rapide

Route à accès réglementé

■ **Route à accès réglementé**

Ces routes peuvent être à double sens ou à chaussées séparées par un terre-plein central.

Autoroute

■ **Autoroute**

Route à chaussée séparée, généralement payante, pourvue de bretelles d'accès, de voies d'insertion et de sorties, d'une bande d'arrêt d'urgence, d'aires de repos…

-4 pts

En cas de non-respect du « cédez-le-passage » situé sur une bretelle d'autoroute, le motard encourt une contravention de 4e classe ainsi qu'une suspension possible de permis pour une durée de 3 ans max.

1. Bretelle d'accès
2. Voie d'insertion
3. Glissière de sécurité
4. Barrière de péage
5. Sortie
6. Bande d'arrêt d'urgence (B.A.U.) (à utiliser en cas de force majeure : panne ou accident)
7. Accotement
8. Voie de décélération
9. Terre-plein central

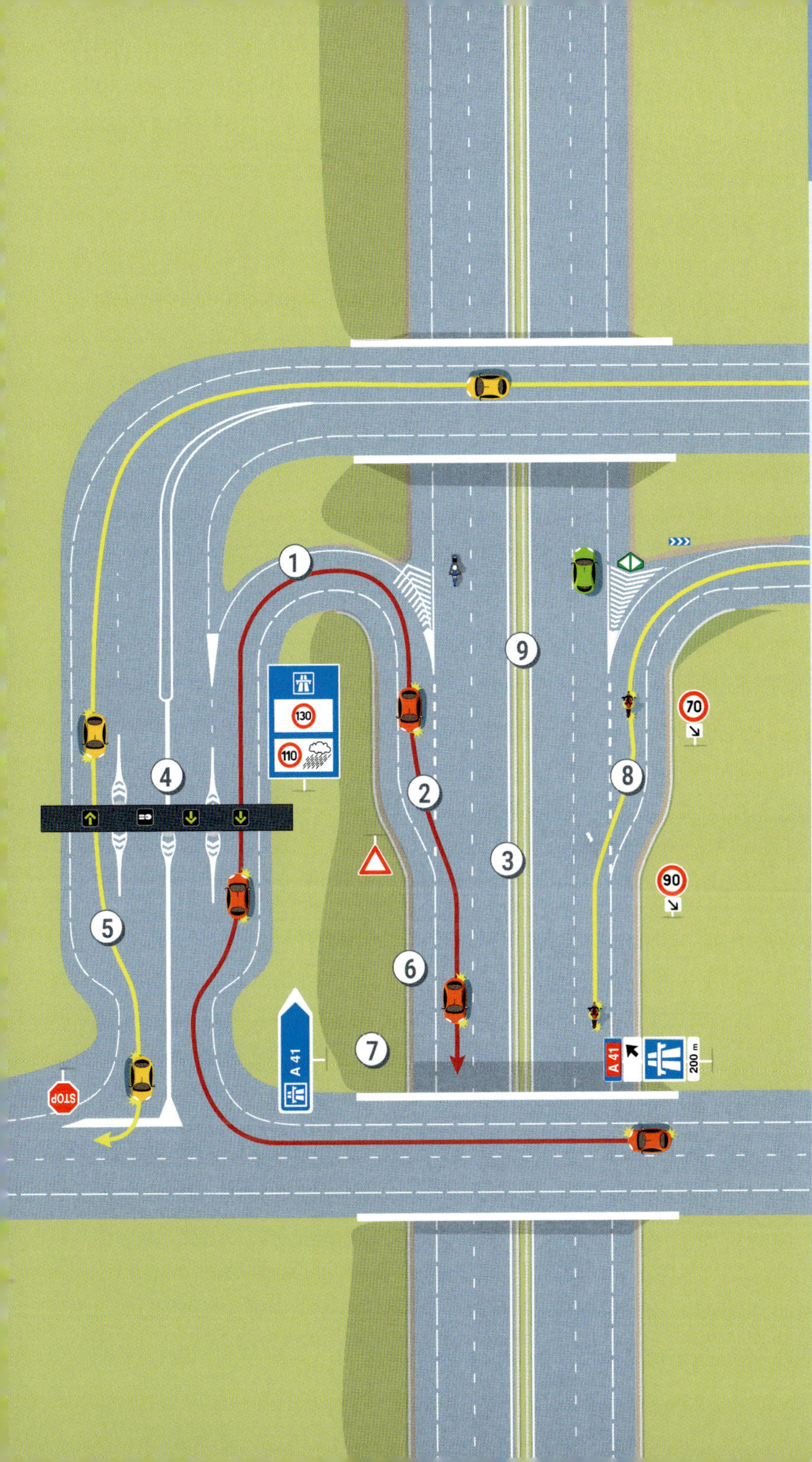
1
2
3
4
5
6
7
8
9
130
110
70
90
A 41
A 41
200 m
STOP

Les règles de circulation sur autoroute

Position sur la chaussée

Il faut rouler dans la voie la plus à droite.

Attention la circulation sur la bande d'arrêt d'urgence n'est pas autorisée.

Il faut circuler à 80 km/h minimum dans la voie la plus à gauche d'une autoroute, si les conditions le permettent (visibilité, adhérence, trafic...).

Cela afin de ne pas créer un différentiel de vitesse trop important entre les usagers.

En cas de circulation sur la voie de gauche sur autoroute à une vitesse inférieure à 80 km/h, le motard encourt une contravention de 2e classe.

Accès interdit

Certains usagers sont interdits sur autoroute.

Manœuvres interdites

- Interdiction de faire demi-tour.
- Interdiction de faire une marche arrière pour rattraper une sortie que l'on a manquée.
- Ne pas utiliser la Bande d'Arrêt d'Urgence en cas d'embouteillages.
- Ne pas utiliser les passages aménagés pour les véhicules de secours.

Corridor de sécurité

Lorsque des professionnels sont en intervention (dépanneur, agents d'exploitation, gendarmes, pompiers, etc.), ou que des usagers sont arrêtés sur la bande d'arrêt d'urgence, le conducteur doit ralentir et changer de voie de circulation s'il peut le faire sans danger. Sinon il doit s'écarter le plus possible tout en restant dans sa voie.

▲ 80 km/h minimum dans cette voie.

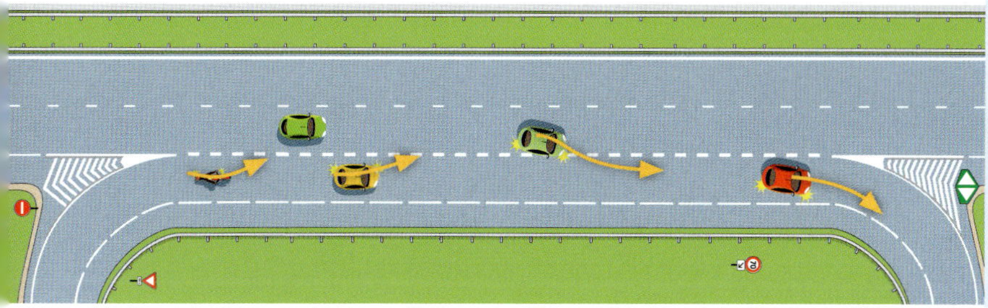

▲ Voie d'entrecroisement : voie qui permet à la fois l'insertion et la sortie. Le régime de priorité est fonction de la signalisation en place.

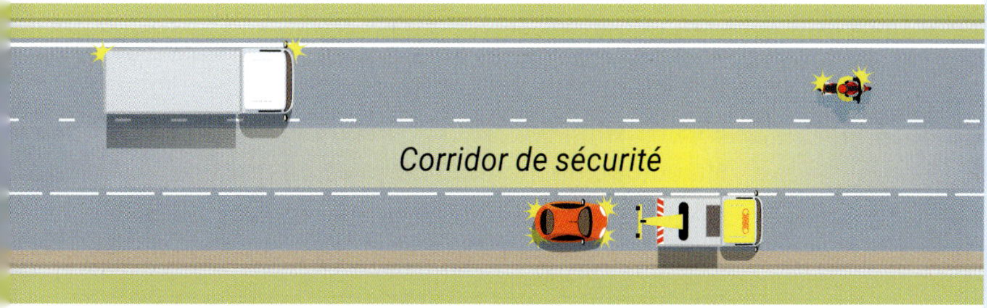

▲ Changer de voie de façon à laisser une voie libre entre les intervenants et votre véhicule.

La conduite en inter-files

21 départements concernés par cette expérimentation.

La pratique de l'inter-files est en expérimentation dans ces départements : **Bouches-du-Rhône, Haute-Garonne, Gironde, Hérault, Isère, Loire-Atlantique, Nord, Rhône, Var, Alpes-Maritimes, Drôme, Vaucluse, Pyrénées-Orientales, dans la région Île-de-France et dans la métropole de Lyon.**

Règles de circulation

Avertissement
L'expérimentation de la circulation inter-files est prévue pour une durée de 3 ans.

Conditions pour circuler en inter-files :
- Être dans l'un des départements d'expérimentation.
- Sur chaussées à sens unique avec terre-plein central et dotées d'au moins 2 voies chacune.
- Limitation de vitesse comprise entre 70 km/h et 130 km/h.
- Circuler entre les 2 files les plus à gauche.
- **Ne pas excéder de plus de 30 km/h la vitesse des véhicules circulant en files et dans la limite de 50 km/h.**
- Réservé aux véhicules à 2 ou 3 roues d'une largeur d'un mètre maximum (L3e et L5e).
- Avertir de ses intentions.
- Ne pas dépasser un autre véhicule en inter-files.

La bonne technique
- Regarder loin
- Être sûr d'être vu.
- Respecter les limitations préconisées.

Le risque lorsque vous circulez en inter-files est de ne pas avoir été détecté à temps par les usagers à côté desquels vous allez passer. Ils risquent, s'ils ne vous ont pas vu, de changer de file ou de trajectoire au moment de votre passage.

Pour éviter la collision, ne négligez pas la limitation préconisée, assurez-vous d'avoir été vu, n'hésitez pas à manifester votre arrivée ou à renoncer au dépassement. Et recherchez le contact visuel avec les autres usagers.

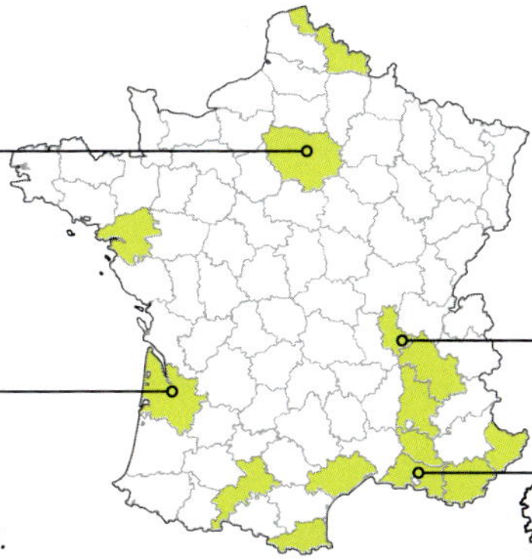

Départements d'expérimentation de la conduite inter-files.

- *Circulation à sens unique.*
- *Vitesse maxi de la moto : 50 km/h.*
- *Espace entre 2 files suffisant.*
- *Une signalisation permet aux conducteurs de se repérer dans les zones de l'expérimentation.*

▲ *Voici ce que voit l'automobiliste lorsque vous circulez en inter-files.*

En cas d'excès de vitesse en inter-files (+ de 50 km/h), le motard encourt une perte de 1 à 6 points selon la vitesse pratiquée.

Les véhicules d'intérêt général

Qui sont-ils ?

2 catégories de véhicules d'intérêt général

- Prioritaires
- Bénéficiant de facilités de passage

Véhicules prioritaires

Pourvus d'une sirène à 2 tons et à 2 temps et de feux tournants de couleur bleue.

Pompiers, Police, Gendarmerie, SMUR, SAMU, Douanes, Transport de détenus, et véhicules escortés par la Police ou Gendarmerie.

Véhicules bénéficiant de facilités de passage

Pourvus de sirènes à 2 tons mais à 3 temps et de feux à éclats de couleur bleue.

Ambulances, Véhicules d'intervention de gaz, d'électricité, de surveillance du réseau SNCF, SOS médecin, transport d'organes ou de sang urgent, transport de fonds Banque de France, engins de service hivernal...

Comportement à l'approche de véhicules prioritaires

- Adapter l'allure ou s'arrêter.
- Dégager la chaussée.

Pour adapter le comportement il faut détecter d'où arrive le véhicule en intervention.

Il faut adapter l'allure, prévoir de lui faciliter le passage en dégageant la chaussée s'il est derrière ou en s'arrêtant pour le laisser passer.

Le tout est d'agir rapidement et pour ce faire, il faut comprendre d'où il arrive et où il se dirige.

▲ *Véhicules prioritaires lorsqu'ils sont en intervention.*
(Sirène à 2 tons et à 2 temps - Feux tournants bleus)

▲ *Véhicules non prioritaires.*
(Sirène à 2 tons et à 3 temps - Feux à éclats bleus)

En cas de non-respect de la priorité aux véhicules d'intérêt général prioritaires lorsqu'ils utilisent leurs avertisseurs spéciaux, le motard encourt une contravention de 4e classe ainsi qu'une suspension possible de permis pour une durée de 3 ans ou plus.

Qu'est-ce que conduire ?

Conduire est une activité qui mobilise tous les sens, toute l'attention

Conduire est une tâche complexe. Elle demande de bien observer l'environnement afin d'être en mesure de tirer de bonnes analyses pour agir de la façon la plus sécuritaire.

La prise d'informations

Apprendre à voir, c'est s'imposer une méthode d'observation qui permet d'anticiper.

Regarder loin

Pour éviter d'être surpris, il faut déplacer le regard loin devant, jusqu'à 5 secondes au moins devant soi.

Regarder large

L'œil ne peut pas tout voir en même temps.
Il opère une sélection grâce à la vision périphérique qui capte les mouvements et les contrastes.
C'est ce champ de vision qui alerte le cerveau et qui demande à la vision centrale d'aller voir ce que c'est.

Regarder vite

Il est important de déplacer rapidement son regard, afin de ne pas louper d'informations, la moto se dirige inéluctablement vers ce qu'on regarde avec insistance.

Regarder autour de soi

Les rétroviseurs permettent de voir sur les côtés et vers l'arrière. Mais il reste indispensable de tourner la tête pour voir dans les angles morts.

Angles morts

Zones de non-visibilité et non couvertes par les rétroviseurs.

La nuit

Pour ne pas être ébloui lors d'un croisement, dirigez le regard vers le bord droit de la chaussée.

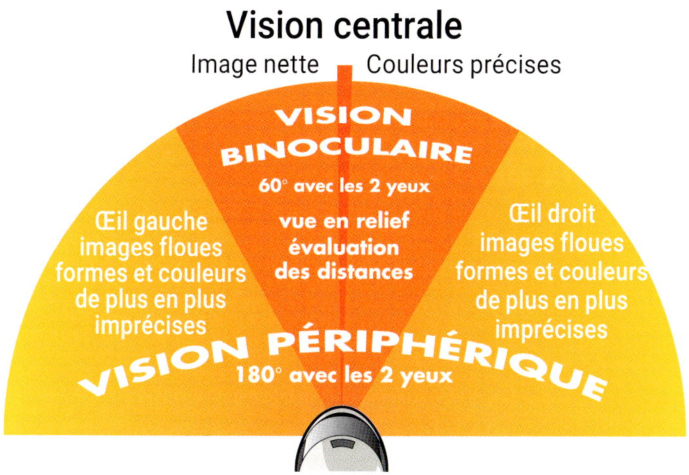

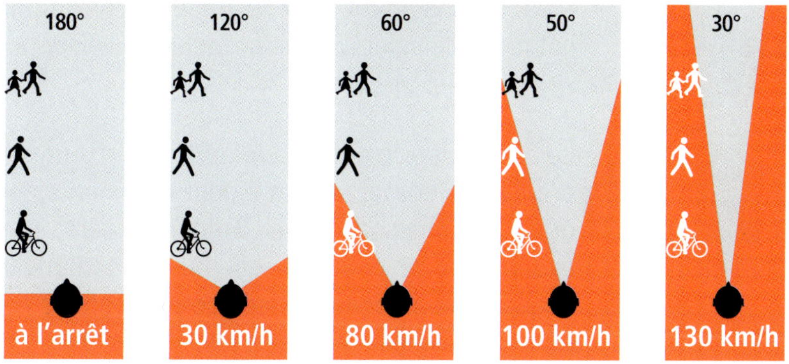

▲ *La vitesse réduit le champ visuel exploitable.*
Avec la vitesse, certains indices échappent au conducteur.

▼ *Dépassement suivi d'un contrôle angle mort droit avant de se rabattre.*

Stratégies de conduite

Sur la route, les situations changent rapidement. L'œil ne peut pas voir tous les indices en même temps. À travers la foule d'informations parvenant à notre cerveau, il faut pouvoir détecter celles qui sont susceptibles d'être une source de danger.

Voir
Tout commence par une bonne observation de l'environnement (devant, côtés, derrière).

Positionner le regard pour assurer la direction du véhicule et rechercher les indices.

Plus le conducteur a de l'expérience, plus il lui est facile de sélectionner les indices pertinents.

Analyser et prévoir
Suivi d'une analyse consciencieuse afin de prévoir un maximum d'issues à la situation.

Le conducteur évalue les situations à risque en prenant en compte énormément d'éléments, tel que sa connaissance des autres usagers, son expérience de conduite, sa représentation du risque et de la conduite, ses connaissances en réglementation routière, les issues possibles de la situation, etc.

Décider
Prendre la décision qu'on pense être la plus adaptée.

Il envisage les solutions possibles et choisit celle qu'il pense être la meilleure décision.

Agir
Si aucun élément nouveau n'est apparu, une mise en action.

Puis le cerveau commande aux différents organes concernés de lancer la ou les actions :

- Avertir les autres usagers (clignotants, feux de détresse, klaxon, appel de feu stop, appel de phare...).
- Modifier l'allure (ralentir, freiner, accélérer).
- Changer de trajectoire ou de direction.

Voir

Analyser et Prévoir

Décider et Agir

Différentes actions possibles :

- *Klaxonner pour signaler ma présence (mais si la personne est au téléphone, elle ne m'entendra pas forcément).*
- *Augmenter les distances de sécurité latérales.*
- *Couper les gaz.*
- *Se mettre en position de sécurité (main en face du frein).*

Les situations à risques

■ Connaître les risques pour les prévoir. L'expérience permet de cibler les indices importants.

La prévision et la décision sont plus rapides si le conducteur a déjà rencontré une grande variété de situations comparables. Il sait alors ce qui peut se passer et ce qu'il doit faire : c'est "l'expérience".

■ Exemples :

- **Les intersections.**
  Ralentissez, c'est un lieu où se rejoignent tous les usagers. Assurez-vous d'avoir été bien vu et compris.

Détecter le regard de l'autre.

- **Les changements de direction.**
  Avant de changer de direction, vérifiez la circulation devant, derrière, sur les côtés et mettez votre clignotant. Soyez particulièrement vigilant le long des bandes cyclables si vous tournez à droite.

N'oubliez pas de regarder en vision directe (tourner la tête).

- **Le dépassement.**
  Avant de dépasser, assurez-vous de la visibilité vers l'avant, de l'absence d'autres usagers vers l'avant ou au niveau d'une intersection et de ne pas être sur le point d'être dépassé.

Surveillez attentivement les rétroviseurs. Un motard est moins bien perçu qu'une voiture.

Conduire pour soi et pour les autres

■ Le Code de la route ne résout pas toutes les situations. Il faut savoir laisser sa place aux autres.

S'insérer sur une voie rapide, quitter un stationnement, aborder une intersection encombrée, arriver sur un croisement difficile, circuler en présence d'un véhicule encombrant ou prioritaire. Toutes ces situations sont résolues si on y met du bon sens et de la courtoisie.

1 **Voir**

Intersection en sortie de virage.
Présence d'une voiture.
Personne en face, personne derrière.

2 **Analyser**

Le conducteur regarde de l'autre côté.
Le véhicule n'est pas à l'arrêt complet.
Freinage délicat car moto inclinée.

3 **Décider**

Prévenir de ma présence.
Préparer un évitement.

Agir

Klaxonner. Éviter.

Bilan de cette situation : Le coup de klaxon a permis de faire tourner la tête au conducteur qui a pu détecter la présence du motard.
Ce dernier a bien fait de prévoir un évitement afin de palier l'avancé du véhicule.
Au coup de klaxon le conducteur a été surpris. Il a tourné la tête mais il n'a stoppé net son véhicule que lorsqu'il a compris la situation.
Ce dernier a donc continué d'avancer de quelques centimètres.

Avertisseurs sonores et lumineux

Être vu et bien compris est indispensable pour ne pas gêner et ne pas surprendre.

■ Les clignotants
Suffisamment tôt pour ne pas surprendre.

Utilisez le clignotant avant tout changement de direction, dépassement, changement de voie, pour s'arrêter ou pour sortir d'un stationnement même sans usager visible.

■ Le klaxon
Il est interdit en ville ou la nuit, sauf en cas de danger immédiat.

Les signaux sonores doivent être brefs et justifiés pour avertir les autres usagers (dépassement, approche d'une intersection, d'un virage, etc.).

■ Les avertisseurs lumineux

Ralentir : faire clignoter le feu stop.

La nuit : avertir d'un danger par les appels lumineux.

Le feu stop s'allume dès que le motard appuie sur la pédale de frein ou actionne la poignée. Pour attirer l'attention des autres usagers qui suivent, il est utile de le faire clignoter.

On utilise les appels lumineux la nuit par exemple en cas d'éblouissement, avant de dépasser à l'approche d'une intersection ou pour avertir les autres. Ils ne sont pas interdits de jour.

■ Les feux de détresse
Pour signaler un ralentissement, une situation anormale, une panne ou pour baliser les lieux d'un accident.

Enclenchez-les :
- dès qu'un fort ralentissement survient devant vous et surtout si vous êtes le dernier de la file,
- si vous êtes contraint de rouler à une allure très réduite (ennui mécanique, route souillée,...),
- si vous êtes immobilisé (panne) sur la bande d'arrêt d'urgence ou la chaussée.

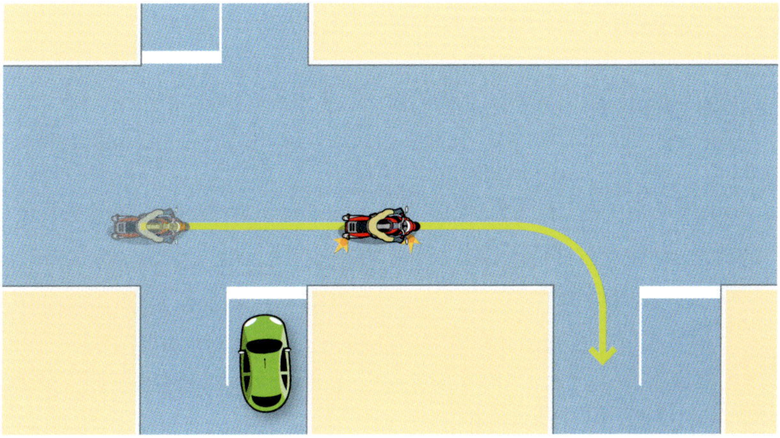

▲ *Actionner le clignotant au bon moment, ni trop tôt, ni trop tard, le temps pour les autres de comprendre et de réagir. L'éteindre dès que la manœuvre est terminée.*

▼ *Un coup de klaxon bref peut permettre au motard d'annoncer son approche dans ce virage très serré, au milieu de cette végétation luxuriante.*

Autres moyens de communication

Le bâton luminescent
Pour les motos non équipées de feux de détresse (ou en complément de ceux-ci).

Les bâtons luminescents permettent de vous rendre visible en cas de **panne** ou **d'accident**, la nuit pendant 12 h.
Ils ne craignent pas l'eau et demandent peu de place pour leur transport.

Le gilet haute visibilité
Pour une situation d'urgence ou de panne.

Il permet de vous rendre **visible aux autres**. En plus des situations d'urgence et de panne, il peut être revêtu lors d'intempéries, par temps de brouillard...

Les gestes
Pour communiquer entre motard ou avec les autres usagers.

Des gestes simples :

- tendre le bras du côté ou vous souhaitez tourner si votre clignotant ne fonctionne plus,
- exprimer votre courtoisie lorsqu'un usager facilite votre dépassement en s'écartant, remerciez-le en tendant la jambe.
- se saluer entre motards...

Échanger un regard
Important aux intersections mais pas suffisant.

Attention un conducteur pris dans ses pensées peut laisser croire qu'il vous a vu parce qu'il regarde dans votre direction.

Les placements sur la chaussée
Si la chaussée présente des caractéristiques qui peuvent jouer sur l'adhérence le motard va se décaler.

Efforcez-vous d'adopter une trajectoire de sécurité. Parfois la présence de rails, de plaques d'égouts, de nids-de-poule, de graviers... vous oblige à un placement différent.

Les usagers n'ayant jamais roulé à moto peuvent être déstabilisés par un placement autre que celui habituellement pratiqué.

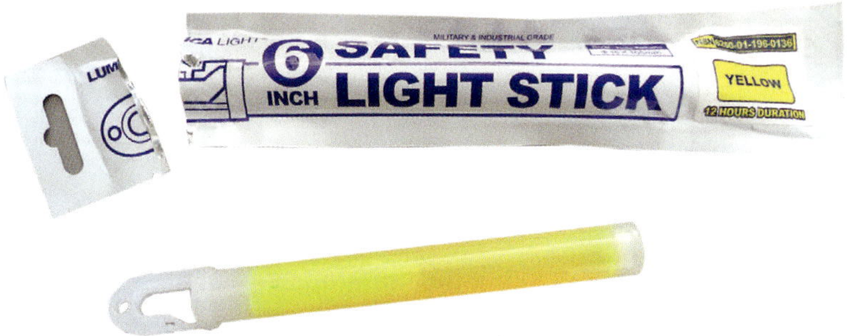

▲ Bâton luminescent (12 h).

▲ Jambe tendue pour remercier l'automobiliste qui en s'écartant a facilité le dépassement du motard.

▲ Salut entre motards.

La vigilance

Capacité de répondre à tout moment, à tout évènement.

Certaines circonstances ou certains comportements peuvent causer la baisse de la vigilance :

- Les conditions climatiques dégradées demandent beaucoup d'efforts physiques.
- La monotonie de la conduite (parcours de nuit ou sur autoroute déserte par beau temps).
- La routine (trajet tellement connu qu'on le parcourt sans vigilance).
- Les trajets de courtes distances en ville.
- Les fortes émotions (joie, colère, stress...) qui ne laissent plus de place à la tâche de conduite.

La distraction

Ne pas être attentif peut empêcher de voir.

Une conversation téléphonique ou avec son passager, ou le fait de régler le GPS en roulant peut distraire le conducteur.
Lorsqu'on conduit une nouvelle moto, l'envie de découvrir et tester toutes les commandes peut monopoliser l'attention.

Les lieux et les évènements

Les lieux touristiques, festifs, les événements ponctuels...
Trop d'infos, tue l'info.

À moto on est directement plongé dans l'ambiance, lorsqu'on circule à proximité de lieux touristiques, d'événements festifs, etc. Les odeurs, la musique, les décorations, les lumières sont autant d'éléments qui peuvent détourner l'attention du conducteur.

Comment lutter ?

Il faut être conscient que l'un des éléments du lieu vers lequel on se dirige va à un moment attirer notre attention. Il faudra donc adopter un comportement sécuritaire et apprendre à dompter sa vigilance.

▲ *Les lieux touristiques.*

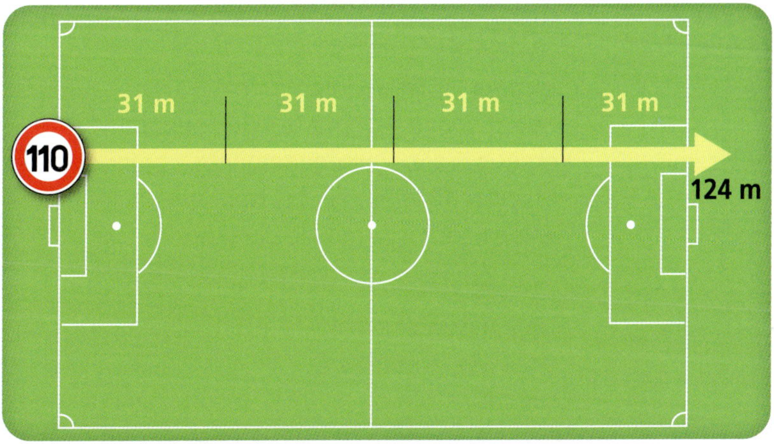

▲ *Si vous quittez la route des yeux pendant 3 ou 4 secondes à une vitesse de 110 km/h, la moto se déplace de la longueur d'un terrain de football.*

Évaluer son état physique

Conduire un véhicule exige certaines capacités physiques : motricité, rapidité d'action, vision, audition...

Pour l'obtention du permis, un candidat doit signer une déclaration sur l'honneur sur un formulaire (Cerfa 02 ou fac-similé téléchargeable sur le site de l'ANTS) et signaler l'existence ou non d'une infirmité d'un ou plusieurs membres, ou d'une maladie incompatible avec la conduite. Dans certains cas, le candidat devra se présenter devant une commission médicale. Les médecins décident au cas par cas de délivrer ou non une autorisation et du code qui sera inscrit sur le permis de conduire.

■ Maladies

Certaines maladies peuvent entraîner une restriction temporaire ou définitive du permis de conduire (hypertension sévère, diabète sévère, épilepsie, dépendances aux drogues, apnée du sommeil...). Elles nécessitent un suivi. La conduite ou la reprise de la conduite est soumise à un examen médical.

■ Handicaps

Certains aménagements (embrayage automatique...) peuvent permettre de conduire.
Lorsque ces aménagements prennent un caractère obligatoire, des restrictions sont alors portées sur le permis de conduire.

■ La responsabilité du conducteur

Aucune visite médicale n'est obligatoire pour conserver le permis A.
Chaque motard a une responsabilité dans l'évaluation de son état de santé et de ses capacités à conduire. C'est pourquoi, il est indispensable de faire vérifier régulièrement ses capacités physiques à conduire.

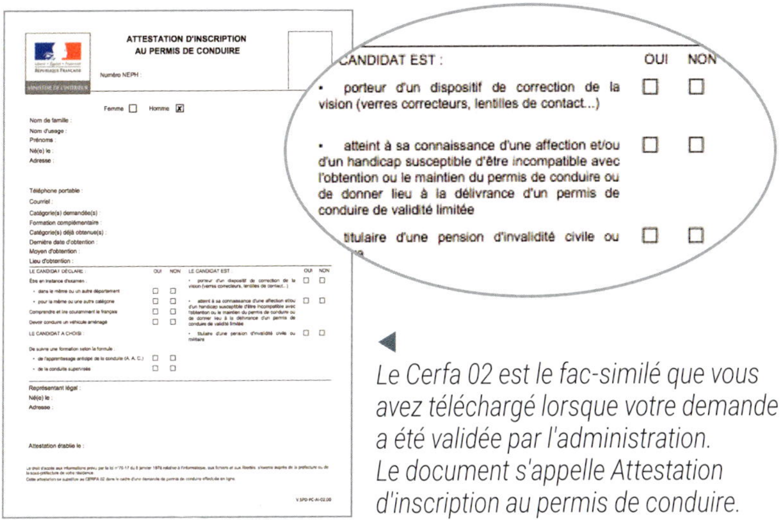

ATTESTATION D'INSCRIPTION AU PERMIS DE CONDUIRE

Numéro NEPH :

Femme ☐ Homme ☒

Nom de famille :
Nom d'usage :
Prénoms :
Né(e) le :
Adresse :

Téléphone portable :
Courriel :
Catégorie(s) demandée(s) :
Formation complémentaire :
Catégorie(s) déjà obtenue(s) :
Dernière date d'obtention :
Moyen d'obtention :
Lieu d'obtention :

LE CANDIDAT DÉCLARE :	OUI	NON
Être en instance d'examen :		
• dans le même ou un autre département	☐	☐
• pour la même ou une autre catégorie	☐	☐
Comprendre et lire couramment le français	☐	☐
Devoir conduire un véhicule aménagé	☐	☐
LE CANDIDAT A CHOISI :		
De suivre une formation selon la formule :		
• de l'apprentissage anticipé de la conduite (A. A. C.)	☐	☐
• de la conduite supervisée	☐	☐

LE CANDIDAT EST :	OUI	NON
• porteur d'un dispositif de correction de la vision (verres correcteurs, lentilles de contact...)	☐	☐
• atteint à sa connaissance d'une affection et/ou d'un handicap susceptible d'être incompatible avec l'obtention ou le maintien du permis de conduire ou de donner lieu à la délivrance d'un permis de conduire de validité limitée	☐	☐
• titulaire d'une pension d'invalidité civile ou militaire	☐	☐

Représentant légal :
Né(e) le :
Adresse :

Attestation établie le :

Le droit d'accès aux informations prévu par la loi n°78-17 du 6 janvier 1978 relative à l'informatique, aux fichiers et aux libertés, s'exerce auprès de la préfecture ou de la sous-préfecture de votre résidence.
Cette attestation se substitue au CERFA 02 dans le cadre d'une demande de permis de conduire effectuée en ligne.

V.SPD-PC-AI-02.00

CANDIDAT EST : OUI NON
• porteur d'un dispositif de correction de la vision (verres correcteurs, lentilles de contact...)
• atteint à sa connaissance d'une affection et/ou d'un handicap susceptible d'être incompatible avec l'obtention ou le maintien du permis de conduire ou de donner lieu à la délivrance d'un permis de conduire de validité limitée
titulaire d'une pension d'invalidité civile ou

◀ *Le Cerfa 02 est le fac-similé que vous avez téléchargé lorsque votre demande a été validée par l'administration. Le document s'appelle Attestation d'inscription au permis de conduire.*

Conduire un véhicule à moteur sans respecter une restriction d'usage mentionnée sur le permis de conduire (exemple : conduire sans lunette) est sanctionné par une amende forfaitaire de 135 € et d'un retrait de 3 points (immobilisation du véhicule possible).

L'apnée obstructive du sommeil correspond à des pauses respiratoires pendant le sommeil qui durent entre dix et trente secondes et se répètent dans la nuit. Elle peut être une cause d'inaptitude médicale.

▲ *Elle est souvent traitée avec un masque de nuit. Cela permet de mieux se reposer et donc d'éviter les phases de somnolence au volant.*

Évaluer son état psychologique

■ Le stress

L'excès de stress augmente les risques d'accidents de la route puisqu'il agit directement sur le comportement du motard et sur sa capacité à traiter l'information.

■ L'excès de confiance

L'excès de confiance d'un conducteur peut le mener à sous-évaluer les risques, à rouler trop vite et à prendre de mauvaises habitudes (omettre les clignotants, négliger les contrôles...).

■ Les émotions

Elles peuvent altérer la concentration nécessaire à la conduite.

Une dispute ? Une rupture amoureuse ?
Ne laissez pas les émotions prendre le contrôle.

■ Les influences des autres

Ne pas se laisser influencer par les autres usagers même si vous voyagez en groupe.

Il est toujours possible de se retrouver dans une situation où les autres usagers vous mettent la pression.

Faites des choix judicieux.

Au guidon, vous serez amené à prendre des décisions rapides et précises. Quand vous faites des choix judicieux, vous contribuez à éviter beaucoup de situations dangereuses.

▼ Le pilote fait des choix qui font varier le niveau de risque.

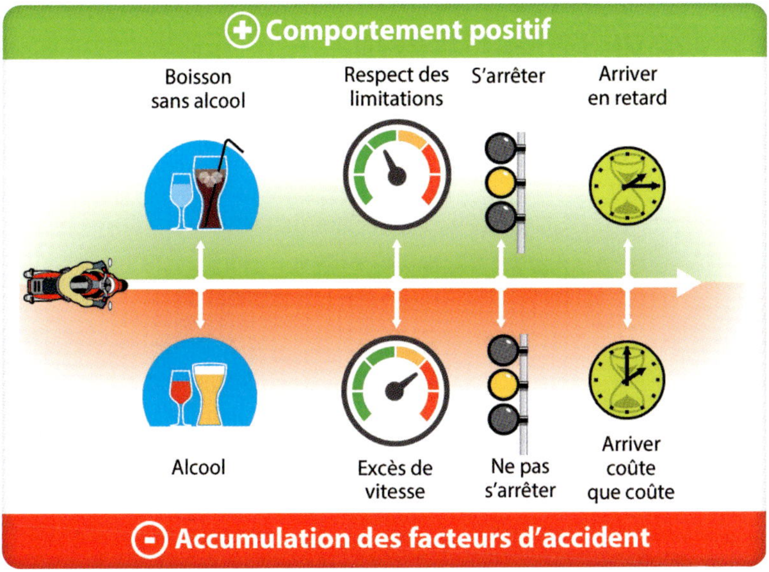

▼ Ne pas confondre route et circuit !

La vue du conducteur

Pour les permis moto (A) et voiture (B), le minimum exigé est de 5/10e pour l'ensemble des 2 yeux.

Le champ visuel binoculaire horizontal du conducteur ne doit pas être inférieur à 120°.

Troubles visuels
La non-perception des couleurs tout comme le daltonisme n'interdit pas la conduite d'un véhicule.

L'acuité visuelle minimale exigée pour l'obtention du permis A est de 5/10e pour l'ensemble des deux yeux.

Si un œil a une acuité nulle (un borgne, par exemple) ou inférieure à 1/10e, l'autre œil doit avoir une acuité d'au moins 5/10e.

Si ce minimum est atteint à l'aide de lunettes correctrices, le code 01 (dispositif de correction et/ou de protection de la vision) est inscrit au verso du permis de conduire.

La vue peut se dégrader avec l'âge ou certaines maladies. Faites vérifier votre vue régulièrement. Le port de verres teintés est déconseillé pour la conduite de nuit.

L'ouïe

Aucune restriction pour le permis A mais bien entendre permet d'interpréter correctement les informations sonores utiles pour se situer dans la circulation.

Après la vue, l'ouïe est le sens le plus sollicité au guidon.

Au fil des kilomètres, et même avec un bon casque, les bruits mécaniques, le sifflement du vent peuvent provoquer des troubles irréversibles de l'audition.

Pour vous protéger, vous pouvez vous équiper de bouchons d'oreilles adaptés à la conduite moto. Il en existe avec filtre d'atténuation qui vous permet d'entendre aisément votre moteur, votre passager, ou votre système de communication ou sans filtre pour une atténuation maximale.

À 100 km/h les motards sont exposés à 90 dB, et à 100 dB s'ils roulent à 130 km/h.

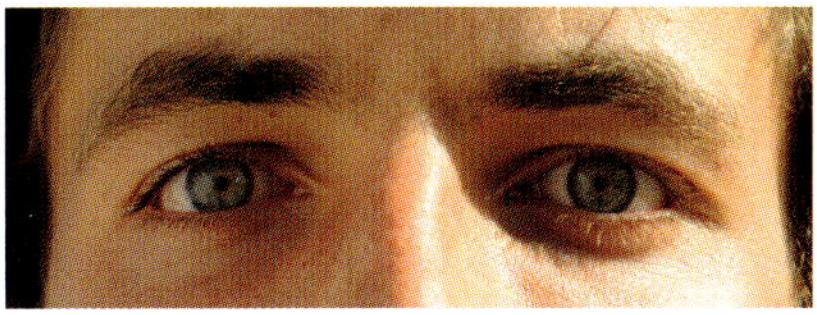

Une bonne acuité visuelle permet de distinguer les détails, d'apprécier avec justesse les distances et les vitesses.

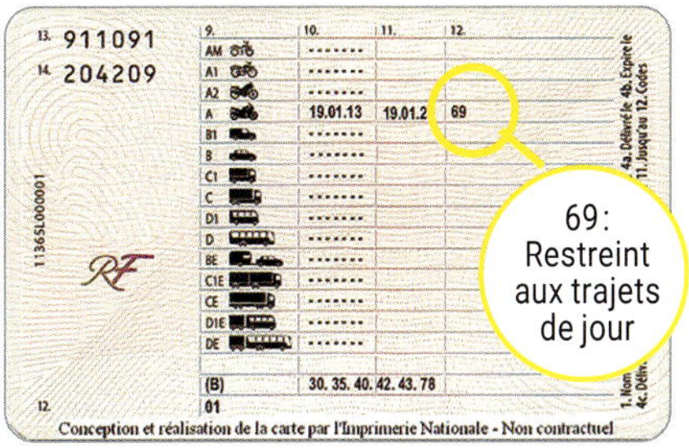

En cas de maladie perturbant la vision de nuit, le permis peut être limité à la conduite de jour.

L'implantation des panneaux sur la route tient compte des caractéristiques de la vision humaine.

La taille des panneaux, et la hauteur des caractères écrits varient en fonction de la vitesse. Une acuité visuelle de 10/10e permet de lire un panneau d'entrée d'agglomération à environ 50 mètres et un panneau de limitation de vitesse hors agglomération à environ 150 mètres.

La couleur bleue d'un panneau sur autoroute est reconnaissable à environ 500 m.

30 dB	Sensation de silence, cabine insonorisée...
60/65 dB	Conversation normale
70 dB	Intérieur d'un TGV
85 dB	Intérieur d'un avion **(seuil de danger)**
95 dB	Klaxon
100 dB	Tronçonneuse
105 dB	Sirène de Pompiers à 1 m (max. d'une discothèque)
120 dB	Réacteur d'avion à quelques mètres **(seuil de douleur)**
130 dB	Décollage d'un avion

Alcool

■ **Taux à ne pas dépasser:**
0,19 g/l pour les conducteurs novices.
0,49 g/l *pour les autres.*

Alcoolémie: quantité d'alcool pur contenue dans le sang. Elle se mesure en gramme d'alcool par litre de sang (g/l) ou en milligramme d'alcool pur par litre d'air expiré (mg/l).

■ **Diffusion**
1 dose d'alcool
= environ 0,25 g/l
quel que soit l'alcool consommé.

L'alcoolémie atteint son maximum entre une à deux heures si on a mangé et entre 15 à 30 mn si on est à jeun.

Les effets de l'alcool se manifestent plus rapidement et durent plus longtemps chez les femmes que chez les hommes. Le poids d'une personne ou son état de santé ont aussi une incidence sur la diffusion de l'alcool.

■ **Effets**
- Réduction du champ de vision
- Désinhibition
- Troubles de l'équilibre
- Allongement du temps de réaction

L'alcool provoque:

- Une grande sensibilité à l'éblouissement, une diminution de la sensibilité à la couleur rouge, une réduction du champ de vison exploitable et une fixité du regard.
- Une diminution des facultés de choix et de raisonnement, une altération du comportement et des émotions.
- Des gestes imprécis, des problèmes de coordination, des pertes d'équilibre.
- Un allongement du temps de réaction, une mauvaise évaluation des vitesses et des distances.

■ **Élimination**
Plus de 2h30 pour éliminer une dose d'alcool.

Le foie élimine environ 95 % de l'alcool consommé, mais selon l'âge, le sexe, et certaines autres différences individuelles, la quantité et la durée d'élimination peuvent être différentes d'un individu à l'autre.

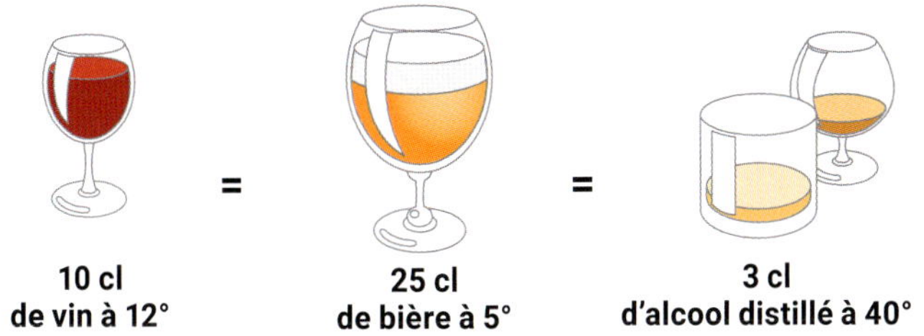

▲ *Chaque verre en dose "bar" contient 10 g d'alcool pur.*

Formule pour calculer l'alcoolémie :

$$\frac{\text{Nombre de doses d'alcool (x10)}}{\text{Poids du corps en kg x C}} = \text{Alcoolémie en g/l}$$

C = soit 0,68 pour un homme et 0,55 pour une femme

Exemple : (3 x 10) / (75 x 0,68) ± 0,59 g/l

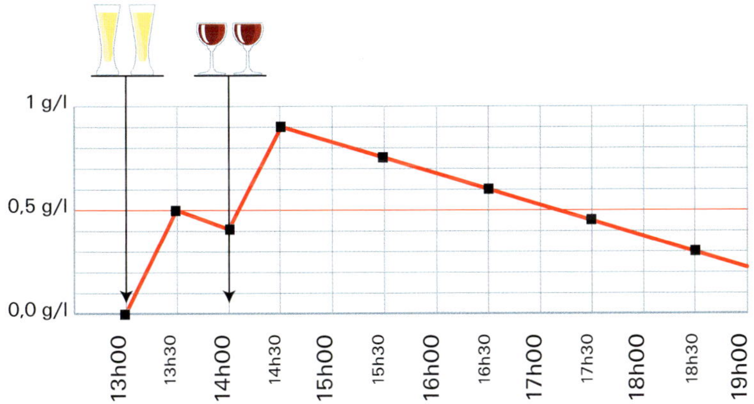

▲ *Élimination de l'alcool dans le temps par l'organisme.*

Drogues

■ **Elles agissent sur le cerveau.**

La consommation de drogues (cannabis, ecstasy, cocaïne...) génère des troubles du comportement incompatibles avec la conduite et encore plus lorsqu'il s'agit de conduire un deux-roues motorisé.

Si vos fonctions psychomotrices sont altérées, vous allez rencontrer des problèmes de coordination, d'équilibre, de mémoire, de réflexe... Ces fonctions sont très importantes puisque jusqu'à 30 km/h c'est vous qui équilibrez la machine ! Au-dessus de cette vitesse vous aurez besoin de toute votre dextérité pour doser vos contre-braquages, accélérations et freinages.

La consommation de drogues fait augmenter le temps de réaction et modifie la perception des distances et des largeurs.

Attention ! Associer alcool/médicaments et/ou drogues amplifie considérablement les effets indésirables. Cette polyconsommation multiplie les risques d'accidents graves.

Médicaments

■ **Ils agissent sur le système nerveux.**

Vertiges, sensation d'ivresse, troubles de la vision, hallucinations : la prise de certains médicaments, en apparence inoffensifs, peut modifier le comportement au guidon.

Les médicaments susceptibles de provoquer une somnolence ou une perte de vigilance comportent, sur la boîte, l'un des trois pictogrammes selon le niveau du risque.

Les effets varient d'une personne à l'autre et un médicament de niveau 2 peut avoir des effets de niveau 3 sur certaines personnes.

▲ *Ce motard essaie de pallier des problèmes d'équilibre.*

◀ *Les traces de drogues restent longtemps dans l'organisme.*

◀ *Même les médicaments vendus sans ordonnance peuvent avoir des effets incompatibles avec la conduite.*

Fatigue

■ **Difficulté à rester concentré**
Signes :
- Picotement des yeux
- Douleurs au dos
- Cou, épaules raides
- Regard fixe
- Besoin de changer de position

Effets :
- Réactions et réflexes plus lents
- Gestes moins précis
- Regard moins efficace

Conduire une moto demande beaucoup de capacités physiques et intellectuelles.

Le physique va être éprouvé par le froid ou la chaleur, le bruit, la résistance au vent, la position du corps sur la machine, les vibrations, la vitesse.

Le mental va être éprouvé par la technique de pilotage, la prise d'informations, l'analyse, la concentration…

Les premiers signes de fatigue peuvent intervenir peu de temps après le départ. Et cela même en plein jour, si vous avez mal dormi, si vous êtes malade, crispé sur la machine, etc.

Pilotes débutants : prenez le temps d'apprivoiser votre machine sur de petites distances. Laissez le temps à votre expérience de croître dans de bonnes conditions et à votre physique de s'adapter à votre machine.

Somnolence

■ **Difficulté à rester éveillé**
Signes :
- Paupières lourdes
- Yeux qui piquent
- Bâillements

Effets :
- Endormissement imminent
- Tendance à rouler plus vite ou à prendre des risques pour arriver rapidement

Le risque de somnolence augmente sensiblement entre 13 h et 15 h et beaucoup plus sérieusement entre 2 h et 5 h du matin.

Il est très élevé si vous avez une dette de sommeil ou avez mal dormi, si vous souffrez d'apnée du sommeil non traitée, si vous n'êtes pas en bonne condition physique…

Prendre conscience des éléments qui peuvent la favoriser et connaître ses signes annonciateurs devrait vous permettre d'adopter un bon comportement sur la route.

Mal aux reins.

Mal au dos.

Raideur dans les épaules et le cou.

Besoin de changer de position.

N'attendez pas les premiers signes de fatigue pour faire une pause ! Ils sont les premiers et derniers avertissements avant la somnolence.

Le risque d'endormissement varie en fonction des heures de la journée.

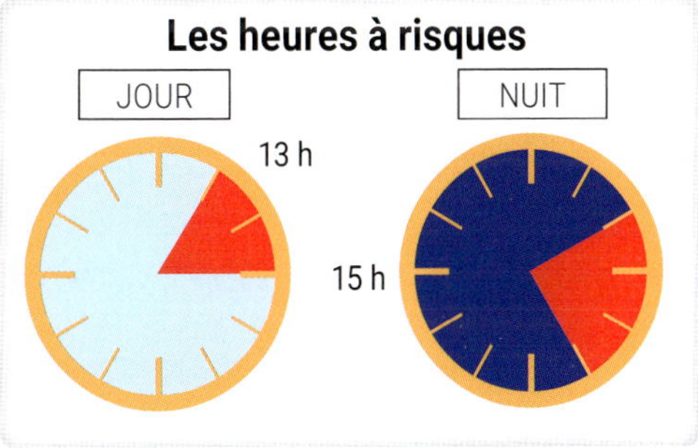

La conduite de nuit

La conduite est plus fatigante, plus contraignante et plus technique que la conduite de jour. La nuit l'appréciation des vitesses est faussée. On a l'impression de rouler plus vite.

VOIR
- Redoubler d'attention
- Pas de visière teintée
- Éviter l'éblouissement

Le pilote doit redoubler d'attention pour détecter assez tôt certains indices importants (route souillée, sortie de virage, etc.).

Il est interdit de rouler la nuit avec une visière teintée. Les lunettes ou écrans de nuit (verres de couleur jaune) sont autorisés.

Afin d'éviter d'être ébloui par un véhicule resté en feux de route et arrivant en face, évitez de fixer ses feux et placez votre regard loin devant sur le bord droit de la chaussée.

ÊTRE VU
Des dispositifs réfléchissants

La nuit une moto se détecte beaucoup moins facilement qu'une voiture.

Pour être mieux vu, le motard peut s'équiper de vêtements rétroréfléchissants si son blouson n'en est pas déjà pourvu ou revêtir des brassards ou un gilet haute visibilité.

Il devra également veiller à ce que les 4 stickers rétroréfléchissants soient présents et collés au bon endroit sur son casque.

◄
Il est interdit de rouler de nuit avec une visière teintée.

Visibilité offerte par le feu de croisement au crépuscule.

Exposition au risque

■ 22 fois plus élevé.

En 2019, 615 motards ont été tués sur les routes. La crise sanitaire de 2020 a entraîné une rupture des déplacements. Ce qui explique la baisse générale de la mortalité routière. En 2020, 479 motards ont été tués à moto, soit 136 de moins qu'en 2019.
Le risque d'être tué, à moto, que l'on soit conducteur ou passager est 22 fois (à 26 fois si moto lourde) plus élevé que pour l'occupant d'une voiture. Pour un même trajet, un motard à 60 fois plus de risque de finir hospitalisé qu'un automobiliste.

L'âge et l'ancienneté du permis

■ Les **18/34 ans** sont les plus touchés. 41 % des tués et 45 % des blessés.

Les 18/34 ans sont les plus touchés, avec un pic plus important chez les 25/34 ans.
Cette catégorie correspond aussi aux motards les moins expérimentés.

Le sexe

■ **97 %** des conducteurs tués

3 % des conductrices tuées

Quel que soit l'âge ou le mode de déplacement la proportion d'hommes et de femmes tués sur la route reste inchangé depuis de nombreuses années. Une grande partie des femmes tuées étaient passagères. Les hommes sont beaucoup plus impliqués dans des accidents dont la cause aurait pour origine une prise de risque délibérée.

Le type de machine

■ Plus la cylindrée est importante, plus le nombre de morts est élevé.

Parmi toutes les machines, 2 catégories sont plus particulièrement touchées. Les usagers de scooters de plus de 50 cm^3 avec 12 % des tués et les usagers de motos de plus de 600 cm^3 avec environ 72 % des tués.

- **Les deux-roues motorisés, c'est à peine 1,6 % du trafic motorisé. Pourtant cela représente :**

Chiffres 2019

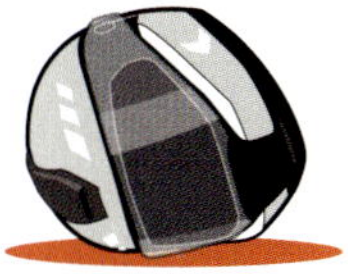

19 %
de la mortalité routière

18 %
des blessés

- **Qui sont ces motards qui décèdent ?**

Les jeunes adultes (18-34 ans) sont les plus touchés

41 %
des tués

97 %
des conducteurs tués

3 %
des conductrices tuées

- **Tués selon la cylindrée**

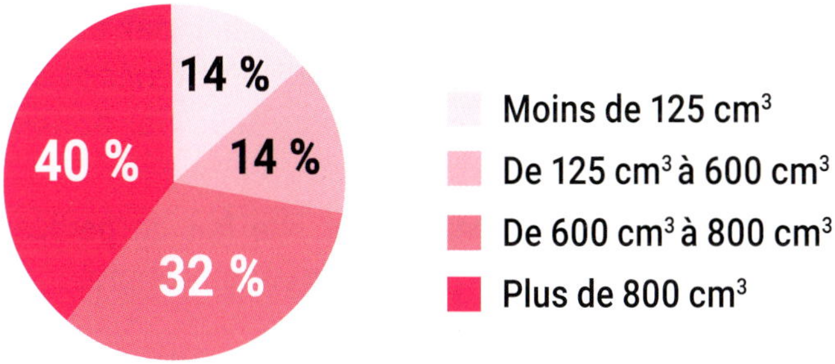

Le conducteur

Le milieu routier

■ 59 % des motards sont tués hors agglomération.
1 sur 2 sur route départementale.

Les accidents mortels ont lieu en agglomération, ou hors agglomération mais pas dans les mêmes proportions ou dans les mêmes circonstances. Les départementales sont les routes les plus meurtrières.

Le domaine autoroutier est celui ou l'on déplore le moins d'accidents mortels à moto.

Le type de collision

■ Moto contre voiture ou moto contre infrastructure.

Les collisions entre motos et voitures représentent 35 % des accidents mortels. Les collisions de motos contre les infrastructures (arbres, mur, glissière...) sont responsables de 37 % des décès.

L'équipement de protection

■ 3 % des tués ne portaient pass de casque.

On dénombre des accidents mortels (même à petite vitesse) qui auraient pu être évités si le motard et/ou son passager avait porté a minima un casque ou s'il l'avait simplement attaché.

L'utilisation

■ Les beaux jours voient le retour des motards et de leurs accidents!
72 %: Déplacements de loisirs
19 %: Trajets domicile/travail

Les motards sont accidentés sur des trajets de loisirs les week-ends et les jours fériés et d'avril à septembre. On dénombre aussi des accidents de moto en hiver.

Une météo clémente à vite fait de persuader n'importe quel motard de sortir sa moto.

• Motocyclistes tués selon le type de route

Chiffres 2019

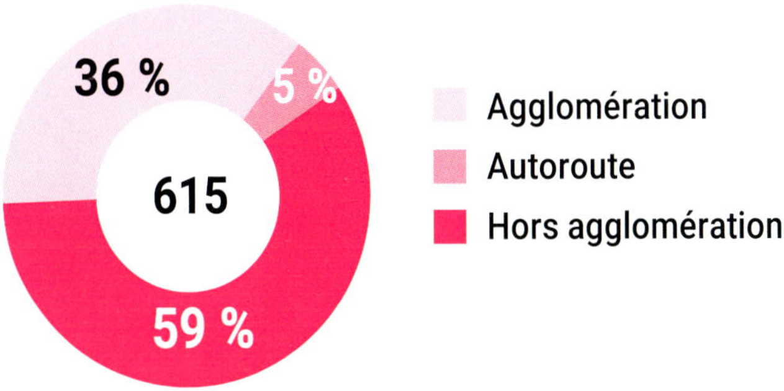

• 1/3 des motards tués provient d'un choc contre un obstacle fixe

Chiffres 2019

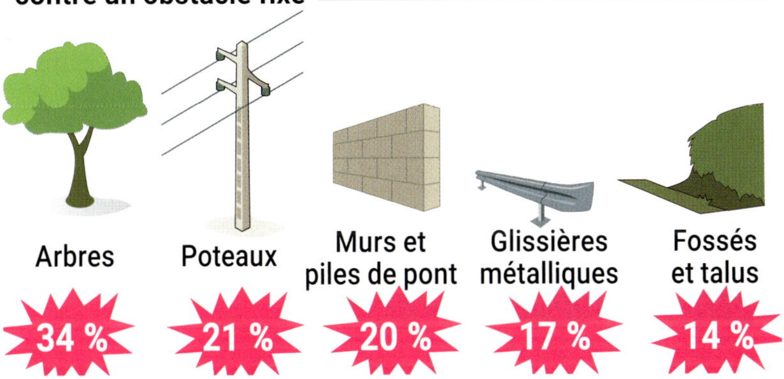

• Quand ?

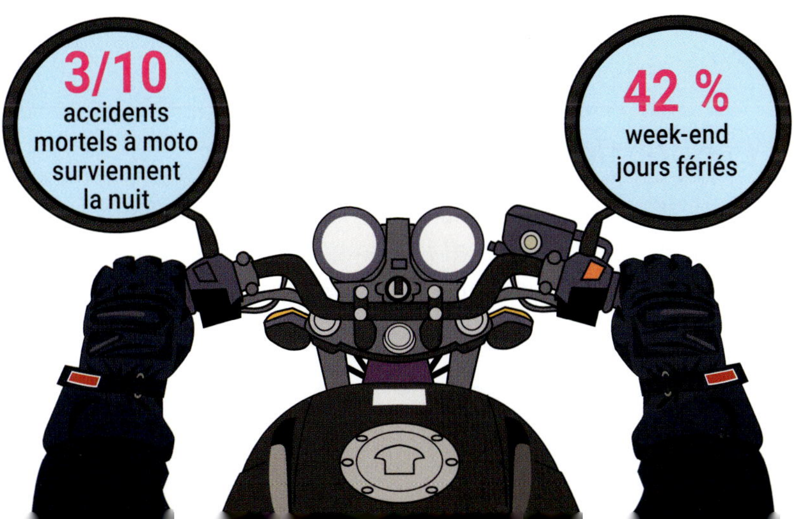

L'alcool - Les stupéfiants

■ **25 %** d'accidents mortels liés à l'alcool.

Les accidents avec alcoolémie positive sont plus fréquents les derniers jours de la semaine avec un pic le week-end.

Le nombre de motards testé positif aux stupéfiants dans les accidents mortels est inférieur à celui des automobilistes.

La vitesse

■ *Vitesse excessive ou inadaptée:* **48 %** *des décès chez les motards.*

La vitesse excessive ou inadaptée fait très souvent partie des facteurs déclenchants ou aggravants d'accidents mortels à moto.

Le différentiel de vitesse entre moto et autre véhicule est souvent le point d'origine d'un accident.

La responsabilité présumée

■ **73 %** des motards sont présumés responsables.

Le motard à tendance à oublier que l'usager vulnérable en cas d'accident c'est lui! Et lorsque la situation devient critique, ce dernier s'attend à une absence de manœuvre de la part de l'autre usager, ce qui est assez improbable dans les faits.

L'impression d'être vu

■ **Je te vois, tu me vois!** Dans **63 %** des cas, l'automobiliste n'a pas détecté la moto.

Bon nombre de motards ont tendance à croire qu'ils sont facilement détectables au milieu des autres usagers. Mais la plupart du temps ce n'est pas le cas.

▲ *Une soirée bien arrosée !*

• **Accidents de moto mortels, responsabilité présumée :**

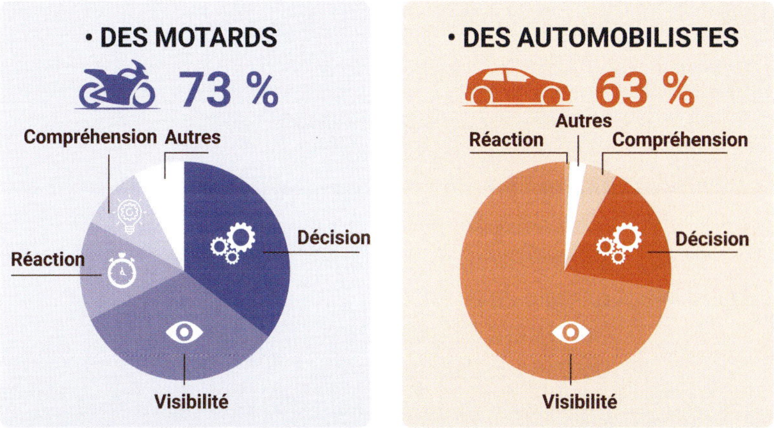

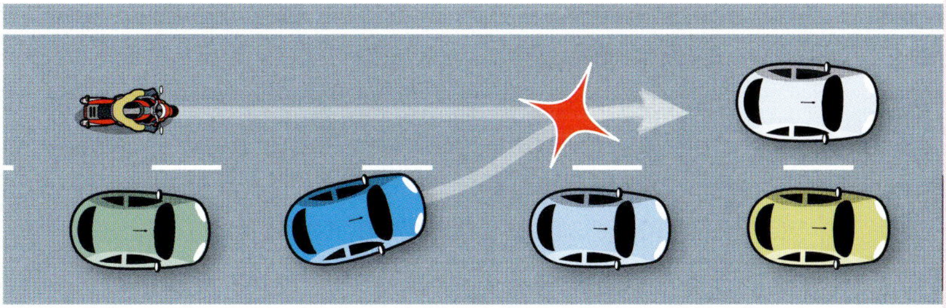

▲ *Sans contrôle de l'angle mort, l'automobiliste ne détecte pas le motard.*

Les profils types de motards

Différentes études (GEMA et IFSTTAR) ont permis d'établir le profil des motards qui relève d'une prise de risque délibérée ou d'une méconnaissance du risque ou d'une absence de discernement face au risque. On distingue 2 groupes et 5 profils.

Groupe 1 : la conduite prudente

Les modérés

Usage : moyen de transport secondaire, utilisé les week-ends, pendant les vacances...
Motos : customs.
Représentation : loisirs ; évasion et recherche de plaisir plus importantes que la recherche de sensations à travers la vitesse.
Infraction : aucune particularité.

Les stressés

Usage : uniquement utilitaire ; facilité des déplacements...
Motos : préférence pour les scooters (faible expérience de conduite).
Représentation : moyen de transport permettant un gain de temps.
Sentiment d'insécurité : conscience aiguë du danger, des accidents...
Infraction : circulation sur des voies réservées.

Les sereins

Usage : régulier.
Motos : diverses.
Représentation : évasion et respect des règles.
Sentiment de responsabilité : le 2RM est perçu à la fois comme pratique et source de plaisir. La conduite est responsable (conscience du danger et respect du Code).
Infraction : aucune particularité.

Groupe 2 : la conduite à risque

Les sportifs

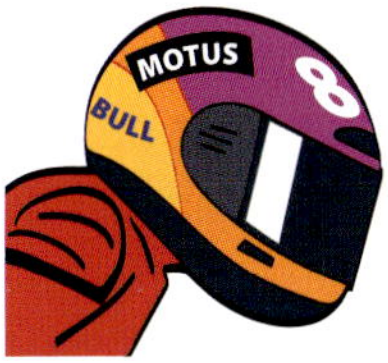

Usage : passionné ; kilométrage élevé.

Motos : grosses cylindrées ; catégorie sportive ou roadster.

Représentation : sport, évasion, communauté... Identité motarde forte ; amateurs de vitesse ; recherchent la maîtrise du risque...

Sentiment de puissance

Infraction : excès de vitesse...

Les transgressifs

Usage : utilitaire.

Motos : petites cylindrées ; scooters.

Représentation : le deux-roues est utile pour un gain de temps ; pas de recherche de sensation ; la moto est un moyen de locomotion permettant de réduire les temps de trajet et d'éviter l'utilisation des transports en commun.

Infractions : multiples ! Pour gagner du temps : sens interdits ; arrêt non marqué aux STOP ; circulation sur les trottoirs ; remontées de files...

Les accidents mortels à moto

Sans tiers en cause

■ **39 %** des accidents mortels à moto sans tiers en cause.

L'accident sans tiers en cause est généralement la conséquence d'un comportement à la recherche de sensations. Trop confiant dans sa technique de conduite, le motard pratique des vitesses toujours plus excessives.

L'accident a généralement lieu hors agglomération, en virage, par beau temps et avec une machine de moyenne ou grosse cylindrée.

Mais un accident sans tiers en cause peut aussi avoir été causé par : la fatigue, l'état de la chaussée, la météo, un animal, un usager non identifié, etc.

Moto contre voiture

■ **Hors agglomération**
Chocs frontaux :
27 % des décès motards
Chocs latéraux :
23 % des décès motards

Hors agglomération, lorsqu'il y a un tiers en cause, le motard décède des suites d'une collision frontale (2 sur 3 ont lieu la nuit) ou d'une collision latérale contre un véhicule de tourisme.

■ **En agglomération**
23 % des décès motards

Presque la moitié des accidents mortels impliquant une moto et une voiture ont lieu en intersection. Il s'agit en principe de moto ou de scooter de petite ou moyenne cylindrée.

Chiffres 2019

• Généralités

32 %
des tués en agglomération sur une intersection

49 %
des tués hors agglomération en courbe

4 %
des tués ne portaient pas de casque

18 %
des tués étaient novices

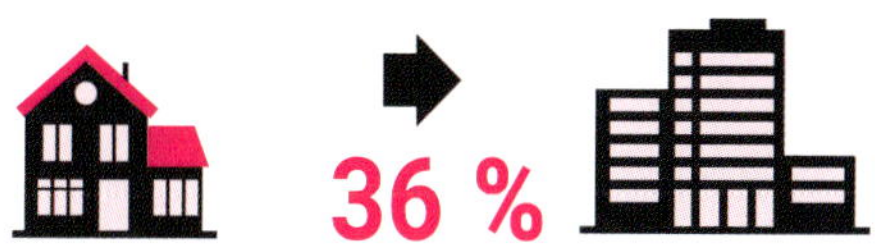

36 %
des conducteurs de 2 RM sont tués sur le trajet domicile/travail

48 %
des tués à cause d'une vitesse excessive ou inadaptée

• Chocs contre un obstacle fixe :

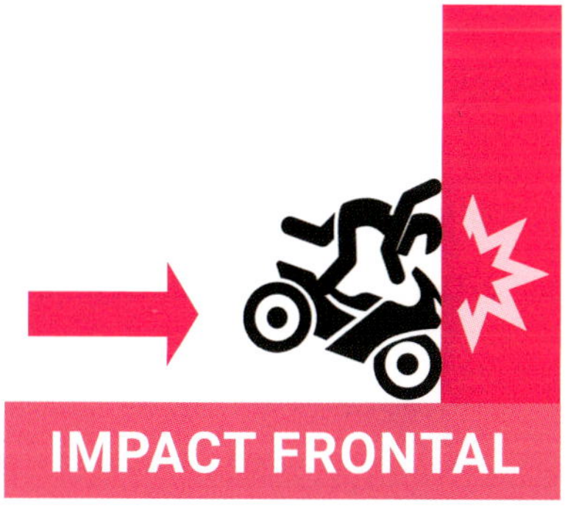

Les accidents types

■ **1** - Accident en intersection.

L'automobiliste s'engage dans l'intersection alors qu'un motard arrive.

Plusieurs raisons peuvent expliquer ce comportement :

L'automobiliste contrôle trop vite ou ne recontrôle pas à gauche avant de s'engager. Il est victime de la tache aveugle. Il est à contre-jour, et en étant ébloui, il ne peut apercevoir le motard arriver.

Le motard peut être masqué par un autre véhicule ou une autre moto circulant devant lui. Il est en excès de vitesse, ce qui ne laisse pas le temps à l'automobiliste de le voir arriver. Il n'a pas anticipé un éventuel franchissement d'intersection par l'automobiliste.

■ **2** - Perte de contrôle en courbe

Le motard glisse dans une courbe.
Il percute un usager qui arrive en face ou un obstacle (mur, poteau, talus, etc.) dans la grande majorité des cas.

Plusieurs raisons peuvent expliquer cet accident (certaines peuvent se cumuler) :

Le motard a mal évalué le rayon du virage :

- Il arrive trop vite dans le virage, il freine ou se crispe sur le guidon en figeant son regard sur l'obstacle.
- Il ne prend pas une bonne trajectoire dès le début du virage et se retrouve poussé vers l'extérieur du virage.

Le motard circule à contre-jour et est ébloui par le soleil.

La route est souillée (présence de gravier, terre, etc.), le revêtement est glissant ou en mauvais état.

▲ **1 -** *Accident en intersection.*

▲ **2 -** *Perte de contrôle en courbe.*

■ **3** - Dépassement en agglomération avec circulation dense

La circulation étant ralentie, le motard entreprend le dépassement d'une file de véhicules. Il se fait percuter.

Plusieurs raisons peuvent expliquer cet accident (certaines peuvent se cumuler).

Les voitures qui circulent ne sont pas alignées. L'une d'elles est déportée vers la droite alors qu'elle veut tourner à gauche. Elle est masquée par le flot de véhicules derrière elle. Son conducteur ne voit pas le motard qui ne voit pas non plus la voiture.

Elle tourne au moment ou le motard arrive à son niveau et le percute.

L'automobiliste est mal placé, il a actionné son clignotant tardivement, il a contrôlé trop rapidement ou n'a pas contrôlé son rétroviseur ni l'angle mort avant de tourner. Il n'a pas anticipé sur un possible dépassement d'un 2RM.

Le motard dépasse une file de véhicules, quelques mètres avant une intersection. Il n'a pas anticipé sur une éventuelle manœuvre de changement de direction d'un des usagers. Il n'a pas fait une bonne analyse des indices.

■ **4** - *Changement de file, rue à sens unique.*

La circulation est fluide, le scootériste circule sur une grande avenue à sens unique. Il change de voie afin de garder une vitesse constante.
Il se fait percuter.

Plusieurs raisons peuvent expliquer cet accident (certaines peuvent se cumuler).

Le scootériste essaie de garder une vitesse constante, pour cela, il n'hésite pas à passer d'une voie à l'autre, la circulation étant fluide. Il n'anticipe pas sur un éventuel changement de voie ou prise de stationnement d'un usager.

L'automobiliste franchit deux voies sans penser à recontrôler. Il est préoccupé par sa recherche de stationnement. De fait il engage la manœuvre dès qu'il aperçoit une place.

▲ **3 -** *Dépassement en agglomération avec circulation dense.*

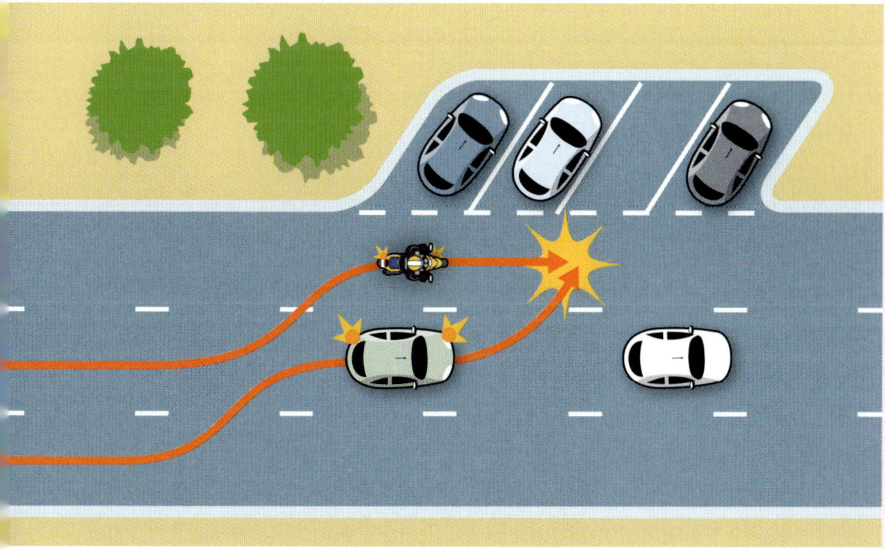

▲ **4 -** *Changement de file, rue à sens unique.*

■ 5 - L'absence de manœuvre

Plusieurs raisons peuvent expliquer cet accident (certaines peuvent se cumuler).

La circulation est fluide en périphérie de la ville. L'automobiliste repère une place de stationnement située de l'autre côté de la chaussée.

Il circule dans un environnement chargé d'informations (zone industrielle ponctuée de nombreuses publicités). Il voit des véhicules arriver en face et focalise son regard sur la 1re voiture sans voir la moto qui suit. Il tourne au moment ou le motard arrive sur lui et le percute.

L'automobiliste est préoccupé et dépassé par un grand nombre d'informations. Il voit une place libre et fait une trop rapide évaluation de la circulation arrivant en face. Il prévoit de passer juste après la voiture. En amorçant sa manœuvre il voit la moto arriver en face mais il se tient à la décision prise en amont.

Le motard dépasse les limitations de vitesse, du fait d'une circulation fluide et d'un tracé assez rectiligne. Il n'anticipe pas sur une éventuelle manœuvre de changement de direction de la part d'un usager arrivant en face.

Lorsqu'il voit la voiture il s'attend à une absence de manœuvre de la part de son conducteur et conserve son allure.

■ 6 - Importance des distances de sécurité

Plusieurs raisons peuvent expliquer cet accident (certaines peuvent se cumuler).

La circulation s'effectue à double sens sur une route nationale. Le motard se rapproche très près des véhicules qui le précèdent. Soudain le dernier véhicule freine fort brusquement. Le motard n'a pas le temps de réagir, il percute le véhicule.

L'automobiliste : Dernier d'une file, il possède un véhicule âgé d'une vingtaine d'années. Donc pas de déclenchement automatique des feux de détresse en cas de freinage brusque. Et en actionnant ses freins, il n'a pas pensé ou eu le temps de les déclencher manuellement.

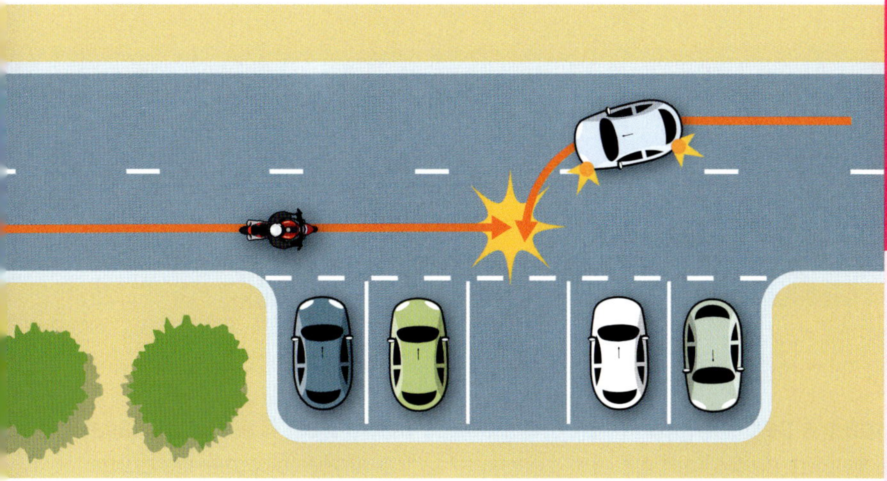

▲ **5** - *Absence de manœuvre.*

▲ **6** - *Distances de sécurité insuffisantes.*

Le motard : Ne respecte pas 2 secondes de distance de sécurité en circulant derrière le dernier véhicule. N'anticipe pas un ralentissement possible de l'allure. Il est donc surpris et n'a pas le temps de réagir.

Il arrive aussi en hiver, lorsque le soleil est bas, que le motard soit ébloui et ne distingue pas ou trop tard les feux de stop du véhicule devant lui.

■ **7** - Le piéton masqué

Plusieurs raisons peuvent expliquer cet accident (certaines peuvent se cumuler).

Un bus est à son arrêt en centre-ville. Un usager qui vient d'en descendre, traverse devant le bus sur un passage piéton. Un motard décide de dépasser le bus. Il renverse le piéton.

Le piéton n'a pas compris qu'il était masqué par le bus. Il aurait dû faire preuve de plus de vigilance avant d'engager la traversée (écouter les bruits d'éventuels véhicules en approches, s'arrêter à l'aplomb du bus afin de voir si aucun véhicule n'arrive, ou attendre que le bus reparte avant de traverser.)

Le motard aurait dû anticiper la traversée du piéton, et choisir de ne pas dépasser, ou de s'écarter plus du bus pour avoir une meilleure visibilité sur le passage piéton situé devant le bus. Il aurait dû adapter sa vitesse de façon à pouvoir s'arrêter le cas échéant et éventuellement klaxonner pour prévenir de son arrivée.

Circuler à moto est plus dangereux que de circuler en voiture :

- Absence de carrosserie.
- Moins de stabilité puisqu'en équilibre sur 2 ou 3 roues.
- Risque de dérapage plus important lors d'un freinage brusque ou sur un revêtement souillé.
- Motard directement soumis aux éléments (vent, pluie, froid, etc.).

Ces éléments doivent inciter le motard à utiliser, et cela quel que soit le nombre de kilomètres parcouru, un équipement adapté à l'usage des deux-roues motorisés et à toujours faire preuve d'une grande vigilance face aux situations qu'il rencontre.

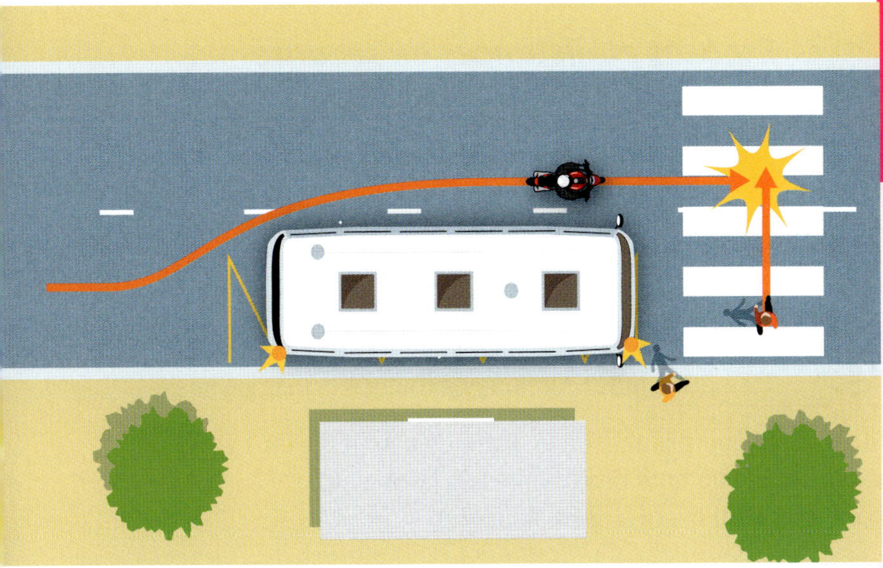

▲ **7 -** *Piéton masqué.*

▲ **7 -** *Dépasser un bus.*

Espaces et distances de sécurité

■ **Temps de réaction:**
1 seconde environ

Il s'agit du laps de temps qui est compris entre la perception (vue, ouïe, etc.) et l'action (ou réaction d'un individu). C'est le temps nécessaire au cerveau pour analyser ce qui vient d'être perçu et choisir la meilleure façon d'y répondre. Il est en moyenne d'une seconde.

■ Distance en m/s ou distance parcourue pendant le temps de réaction.

Attention pendant que le cerveau analyse, la moto continue de rouler à la même vitesse!

Calcul rapide et approximatif de la distance parcourue en 1 seconde: multiplier par 3 le nombre des dizaines de la vitesse.
Exemple: 80 km/h 3 x 8 soit **24** m

■ **Distance de freinage**

Elle commence juste après le temps de réaction au moment ou l'individu actionne les freins et se termine lorsque le véhicule est à l'arrêt.

■ **Distance d'arrêt**

C'est l'addition des distances parcourues pendant le temps de réaction et pendant le freinage.

Calcul rapide et approximatif de la distance d'arrêt: on multiplie le chiffre des dizaines par lui-même.

Exemple pour 80 km/h: 8 x 8 = **64** m

Distance parcourue pendant le temps de réaction + Distance pendant le freinage = Distance d'arrêt soit 3 x 8 = **24** + ? = **64** m
Donc **64** – **24** = 40 m de distance pendant le freinage à 80 km/h.

■ **Distance de sécurité:**
2 secondes
1 seconde pour réagir
+ 1 seconde de sécurité

Pour rouler en sécurité, il faut laisser un intervalle de sécurité minimum de 2 secondes avec le véhicule que l'on suit!

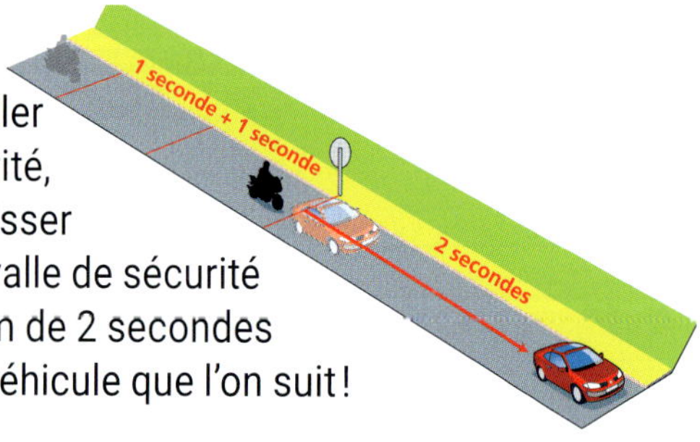

- **Temps de réaction**

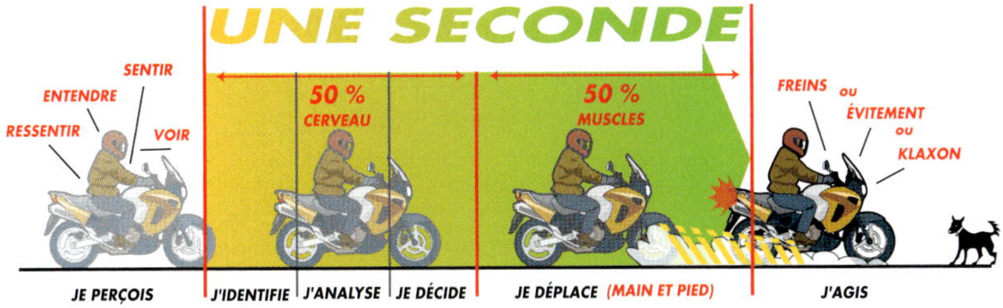

- **Temps de réaction et freinage**

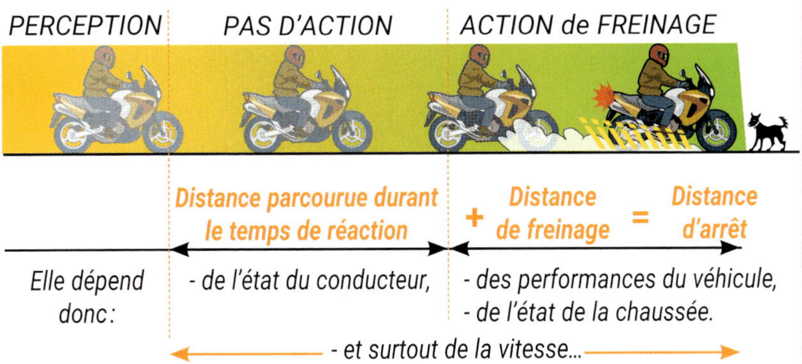

- **Exemples de distances d'arrêt**

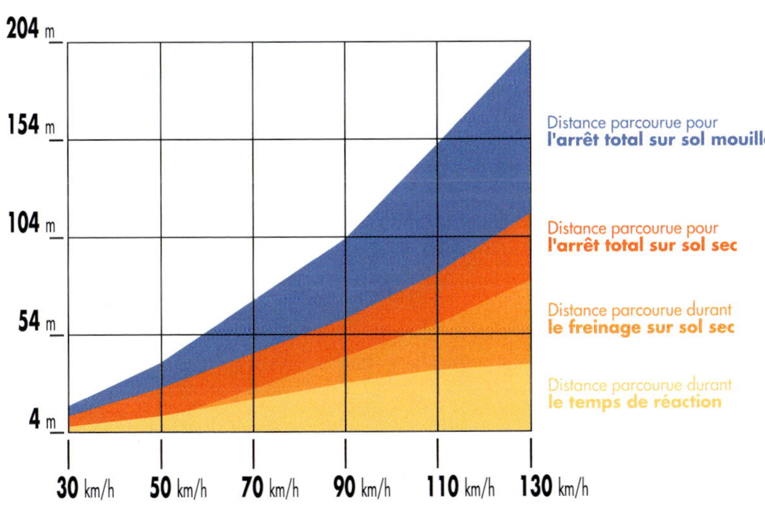

Adapter sa vitesse

La capacité d'accélération d'une moto est bien supérieure à celle d'une voiture. Le motard doit donc adapter sa vitesse en fonction des lieux, des différentes situations et de leur évolution, mais aussi en fonction de la présence d'usagers peu habitués aux caractéristiques (performances ou capacités) d'une moto.

Lois physiques

Énergie cinétique (Ec)

C'est l'énergie accumulée lorsque la moto roule. Elle détermine en grande partie la distance de freinage et la violence du choc.

L'énergie cinétique (**Ec**) dépend de la masse du véhicule et du carré de la vitesse (**v**).

$$Ec = \frac{1}{2} mv^2$$

- Si **v** est multiplié par 2, alors **Ec** est multiplié par 4.
- Si **v** est multiplié par 3, alors **Ec** est multiplié par 9.

Force centrifuge (Fc)

C'est la force qui en virage, tend à pousser la moto vers l'extérieur d'un virage.

Elle est proportionnelle au carré de la vitesse (vitesse x 2, Fc x 4)

Elle est fonction du poids de la machine, du rayon du virage et de la vitesse pratiquée.

Pour compenser les effets de la force centrifuge, il faut couper les gaz, incliner la machine vers l'intérieur du virage et remettre les gaz au point de pivot du virage.

Cette technique ne peut être efficace que si la vitesse est adaptée au rayon de la courbe.

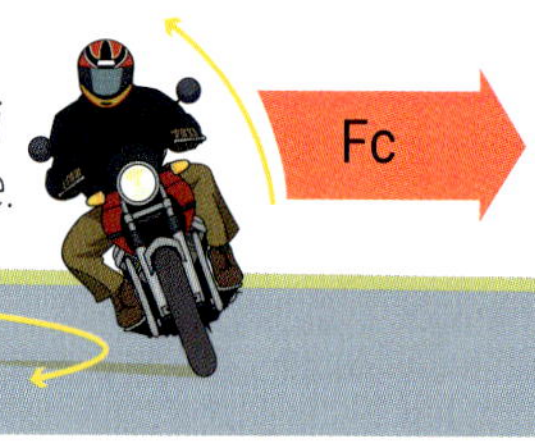

$$Fc = \frac{mv^2}{R}$$

Vitesse et choc

La violence du choc est fonction de la vitesse

Plus on roule vite, plus l'impact au moment du choc sera violent.

• Énergie cinétique

Je pousse de tout mon poids **soit 70 kg.**

En prenant de l'élan, j'augmente mon énergie (en quelque sorte ma force potentielle), **soit environ 700 kg à 50 km/h.**

Cela donne :

- ***à l'arrêt :*** *250 kg*
- ***à 90 km/h :*** *8 tonnes*

S'arrêter nécessite du temps, donc une certaine distance pour éliminer l'énergie.

• Vitesse d'impact au moment du choc contre un mur

Un choc à 100 km/h équivaut à une chute d'une quarantaine de mètres de haut, soit approximativement une chute d'un 13e étage.

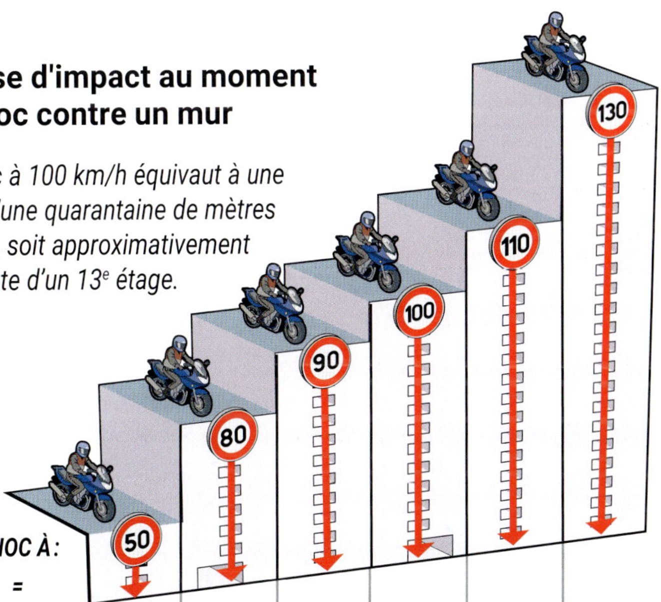

CHOC À :	50	80	90	100	110	130
=						
CHUTE DE :	10 m	24 m	32 m	40 m	48 m	66 m
ÉTAGE :	3^e	8^e	11^e	13^e	16^e	22^e

Freinage et réactions de la moto

■ 70 % à l'avant, 30 % à l'arrière

Le freinage est fonction de la vitesse pratiquée, de l'état de la chaussée (sol mouillé, graviers, etc.), de l'état des amortisseurs, de l'état et de la pression des pneus, de l'anticipation du motard et de sa technique mais aussi de la distance disponible pour le réaliser.

■ Freinage et dérapage

Non équipée d'ABS, tout repose sur l'expérience du motard pour gérer la répartition d'un freinage d'urgence. Un glissement de roue arrière allonge la distance de freinage et donc d'arrêt.

Pour réaliser un freinage à faible vitesse, ou en courbe et toujours à faible vitesse, utiliser uniquement le frein arrière peut suffire.

Pour un freinage à vitesse élevée, il faut commencer par freiner de l'arrière. Cela permet d'asseoir la moto et de baisser son centre de gravité. Le transfert de masse vers l'avant est ainsi diminué.

Lorsqu'on freine en virage :

- on freine sur l'angle du pneu (selon l'inclinaison de la moto),
- la moto se redresse et risque de continuer tout droit au lieu de suivre la courbe.

■ Motos équipées d'ABS

L'ABS évite aux roues de se bloquer et permet donc au motard de maintenir sa trajectoire pendant qu'il freine (évite le dérapage occasionné par un blocage de roue).

Les motos équipées d'ABS ont beaucoup moins de risque de déraper lors d'un freinage d'urgence.

Vitesse	Route sèche	Route mouillée
50 km/h	25 m	38 m
80 km/h	64 m	96 m
90 km/h	81 m	122 m
130 km/h	169 m	254 m

- ***Sur route sèche,*** *multiplier par lui-même le nombre des dizaines de la vitesse.*
- ***Sur route mouillée,*** *ajouter la moitié du résultat obtenu.*

▲ *Les distances de freinage s'allongent lorsque la route est mouillée ou lorsque les conditions d'adhérence sont remises en cause.*

- **Urgence**

À vitesse élevée, gagner une seconde de freinage, c'est énorme.
Face à un danger,
il vaut mieux freiner fermement.

Perdre environ 20 km/h d'un coup allonge proportionnellement la distance de sécurité.
Plus le freinage est fort à l'arrière,
plus on peut freiner fort à l'avant sans risquer de lever la roue arrière.

- **Le différentiel de vitesse entre véhicules souvent en cause.**

En cas de freinage d'urgence :
*- à **50 km/h**, une moto parcourt **3 m** de plus qu'une voiture,*
*- à **90 km/h**, une moto parcourt **7,5 m** de plus qu'une voiture.*

Freinage d'urgence motos vs voitures particulières - Essais sur piste CEREMA - 2016

La trajectoire de sécurité en virage

Le motard adapte son allure avant d'aborder le virage.

Virage à droite

Le motard se positionne à gauche dans sa voie de circulation en conservant un coussin de sécurité avec l'axe médian.
Il maintient son allure dans le virage (ou la modifie légèrement si besoin).

Dès que la sortie du virage est visible, il se positionne à droite.

Virage à gauche

Le motard vient se positionner à droite dans sa voie de circulation en conservant un coussin de sécurité avec l'accotement.
Il maintient son allure dans le virage (ou la modifie légèrement si besoin).

Dès la sortie du virage visible, il reste à droite.

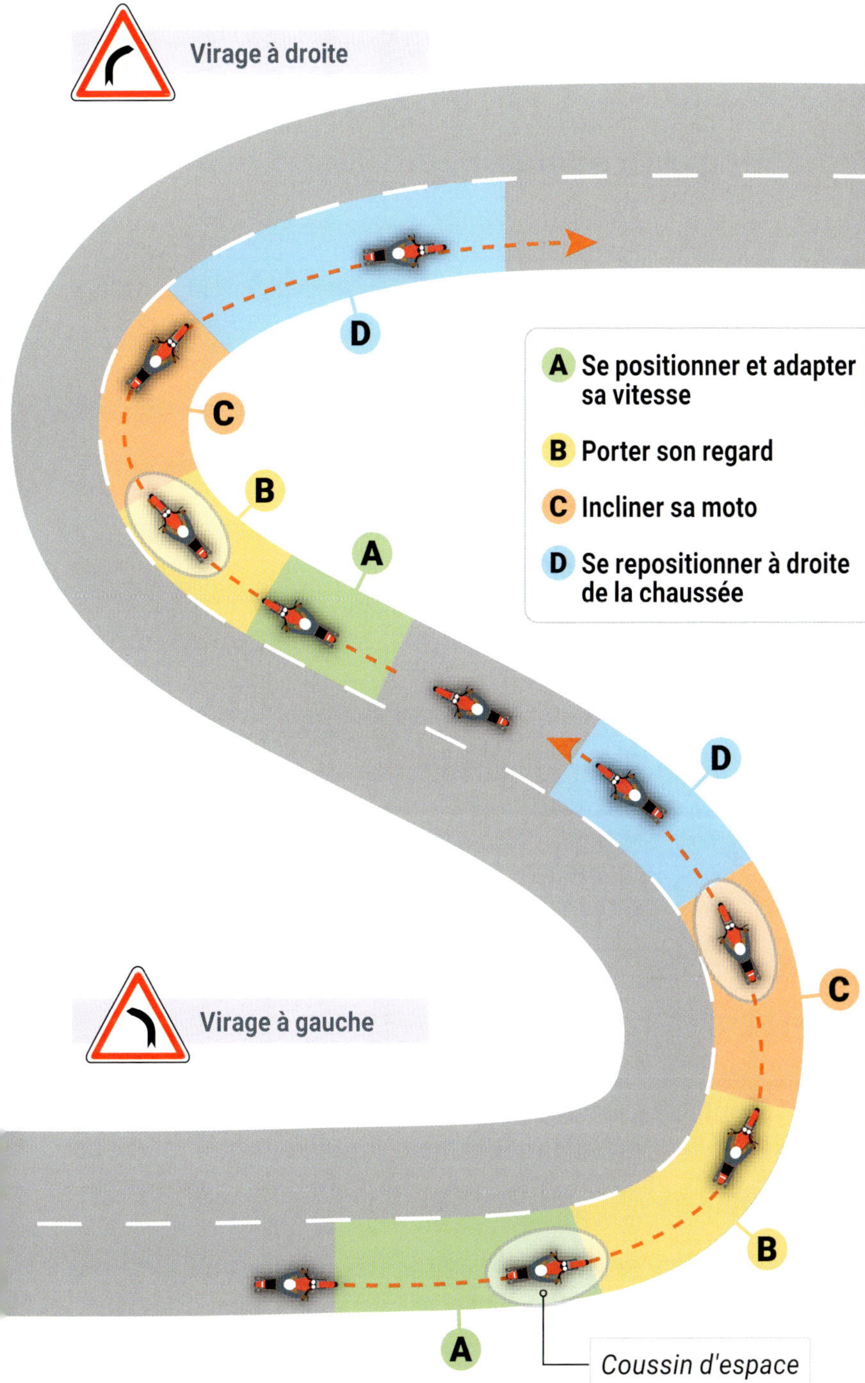
Virage à droite
Virage à gauche
A Se positionner et adapter sa vitesse
B Porter son regard
C Incliner sa moto
D Se repositionner à droite de la chaussée
A
B
C
D
Coussin d'espace

Effet gyroscopique

Le contre braquage ou braquage inverse Vs effet gyroscopique

Passé 30 km/h, on ne peut plus tourner le guidon pour diriger la moto. L'effet gyroscopique tient la moto, roue avant et arrière sur un même axe.

Aussi pour prendre une courbe, le motard va devoir pousser très légèrement sur le guidon du côté ou il souhaite que la moto s'incline.

Éviter en situation d'urgence

Le contre braquage est aussi la technique qu'il faut appliquer lorsqu'il est nécessaire de faire un évitement. Dans ce cas on incline pour éviter puis on redresse pour se remettre dans l'axe de la voie.

L'évitement est réalisé lorsque le freinage n'est pas possible et lorsqu'il y a assez de place pour éviter.

Empattement
Distance qui sépare les axes de roue avant et arrière.

Il diminue lorsque la moto est inclinée, la réduction de l'empattement nuit à la tenue de route.

L'importance du regard

La moto suit le regard !

Le motard doit placer son regard à l'endroit où il souhaite que la moto se dirige. Donc en sortie de virage lorsqu'il est en courbe, sur l'échappatoire lors d'un évitement, etc.

Si le motard fige son regard sur un obstacle, il y a de fortes chances qu'il le percute.

▲ *Contre braquage: la roue avant et la roue arrière conservent le même axe.*

▲ *Le motard évite...*

▲ *... le motard redresse.*

▼ *Le motard cherche la fin du virage du regard. La moto suit le regard.*

La pluie

Les jours de pluie, la luminosité est souvent faible. Les motos sont généralement équipées d'un seul feu de croisement et d'un feu rouge arrière, ce qui les rend difficilement détectables. Mais le plus grand souci que cause la pluie, c'est le manque ou la perte d'adhérence.

■ Voir
Pour éviter d'être surpris.

Ajoutez un écran anti pluie à votre visière ou pulvérisez un produit « chasse pluie ». Utiliser les ventilations de votre casque à bon escient.

Attention une visière rayée influera sur votre visibilité par temps de pluie et aura tendance à retenir l'eau.

■ Être vu
Pour éviter de surprendre.

Vérifiez le bon fonctionnement de vos feux.

Si votre combinaison de pluie n'est pas très colorée, enfilez un gilet haute visibilité ou des brassards réfléchissants par-dessus.
Partez toujours du principe que les autres ne vous voient pas.

■ Anticipez le manque d'adhérence
Roulez où c'est le moins glissant.

Allongez vos distances de sécurité.

Méfiez-vous des marquages au sol, des plaques d'égouts, des rails de train ou de tramway, des nids-de-poule masqués (remplis d'eau), etc.
Évitez de rouler sur l'extérieur des ronds-points (dépôts d'hydrocarbures).

■ Restez au chaud et au sec
Pour un minimum de confort.

Optez pour des vêtements de pluie à enfiler par-dessus votre équipement (même si ce dernier offre une résistance à la pluie).

Sachez qu'une fois mouillé votre corps va se refroidir très vite et vous procurer beaucoup d'inconfort. Ce qui va participer grandement à amplifier votre fatigue.

◀ *Utilisez les ventilations du casque à bon escient.*

▲ *Évitez de rouler sur les marquages mouillés lorsque c'est possible.*

▼ *Conservez des distances de sécurité suffisantes en toutes circonstances.*

Le brouillard

Il englobe les sources lumineuses d'un halo, et masque les véhicules d'un voile épais. Ce qui ne permet plus aux conducteurs de distinguer la présence d'autres véhicules ou d'évaluer correctement les distances les séparant de lui.

■ **Voir**
Pour éviter d'être surpris.

Ajoutez un écran anti pluie à votre visière afin de limiter la buée et/ou optez pour des lunettes adaptées à la conduite de nuit et temps de brouillard (verres jaunes).

■ **Être vu**
Pour éviter de surprendre.

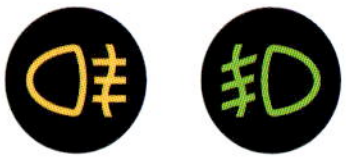

Feux de brouillard arrière et avant

Feux de brouillard : Si votre moto en est équipée, c'est le moment de les allumer !

Dans le cas contraire, restez en feux de croisement et faites des appels de feux de stop réguliers afin d'être mieux détecté des usagers qui vous suivent.

N'hésitez pas à revêtir un gilet haute visibilité ou des brassards réfléchissants.

■ **Adaptez la vitesse à la visibilité**
Pour éviter les collisions.

Lorsque la visibilité est réduite à 50 m vous devez rouler à 50 km/h maximum et laisser 50 m entre vous et le véhicule que vous suivez.

La neige, le verglas

■ **Équipement moto.**

Par temps de neige ou de verglas, il est préférable de laisser votre fidèle destrier au garage.

Mais pour les inconditionnels, ou si vous n'avez pas le choix, sachez qu'il existe des chaussettes ou des chaînes à neige spéciales pneus moto.

Les pneus à crampons sont réservés à certains sports mécaniques et sont donc formellement interdits sur la voie publique.

▲ Le 1er motard est quasiment invisible au milieu du brouillard !

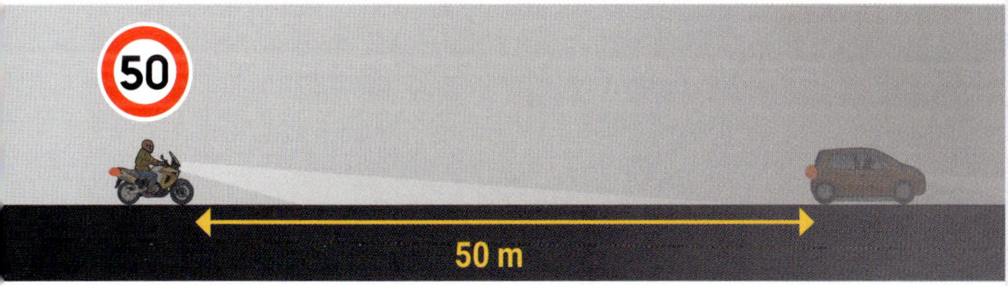

La route

Le vent

Préparez votre monture à affronter les éléments
Enlever tout ce qui fait prise au vent.

Lorsque c'est possible, enlevez les équipements tels que le top-case, le tablier, etc. qui seront des sources supplémentaires de prise au vent.

Préparez-vous à affronter les éléments

- Fermez votre équipement.
- Utilisez des bouchons d'oreille.
- Fermez bien la visière.

Fermez bien votre blouson, votre combinaison, afin d'éviter les sources de prise au vent supplémentaires. Votre tenue moto doit pouvoir vous maintenir au chaud (et au sec).

Utilisez des bouchons d'oreilles. En limitant le bruit, vous limiterez un des facteurs de fatigue.

Attention aux poussières qui volent !

Comprendre le vent
Bourrasques et appel d'air.

Le vent fonctionne par bourrasques de différentes intensités. Vous les sentirez en traversant une plaine, en passant sur un pont, à la sortie d'un tunnel...

Attention aux appels d'air en croisant des véhicules !

La bonne technique

Le bon placement sur la chaussée →

Roulez au milieu de la voie, gardez un coussin d'espace de chaque côté de la moto.
Cela vous protégera des écarts de trajectoire lors de rafales.

Adaptez l'allure →

Adaptez l'allure, pour être moins sujet aux bourrasques et aux appels d'air.
Augmentez les distances de sécurité avec les autres usagers.

Position sur la moto → Faites bloc avec la moto.
Serrez les genoux, tenez fermement le guidon, rapprochez le haut du corps du réservoir.

Faites des pauses plus fréquentes → Résister au vent demande beaucoup d'efforts physiques. La fatigue risque de nuire à votre façon de piloter.
Faites beaucoup de pauses ou mettez-vous à l'abri en attendant la fin de la tempête !

Adaptez votre conduite → Ne vous crispez pas et restez alerte.
Sachez écouter votre corps et votre instinct !

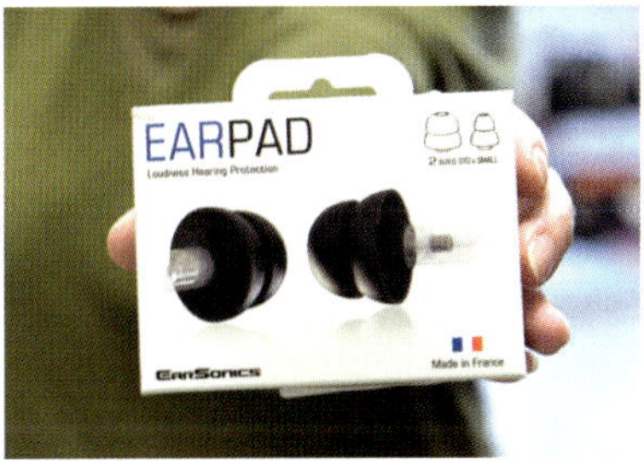

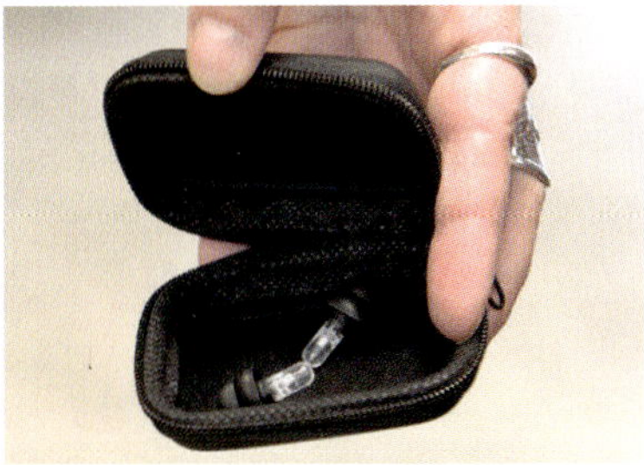

▲ *Bouchons d'oreilles adaptés à la conduite moto.*

Vent nul — *Vent faible venant de gauche* — *Vent fort venant de droite*

◀ *Compactez-vous sur la moto pour affronter le vent.*

La nuit

■ Le feu d'une moto n'éclaire pas la sortie du virage !

Le feu n'éclaire pas la sortie du virage, mais dans l'axe de la moto, en ligne droite.

Ce qui fait qu'en sortie de virage ou en sortie de rond-point vous pourriez vous faire surprendre par un obstacle, un revêtement en mauvais état, du gravier...

■ Nettoyez bien votre visière

Une visière sale peut poser des problèmes pour la vision de nuit (encore plus s'il pleut).

Prévoyez de quoi nettoyer votre visière lors des pauses (nombreux cadavres d'insectes en été).

■ Détection difficile

Les motos se détectent difficilement la nuit ou au milieu de la circulation.

Aussi **pensez à vous rendre visible aux autres** (brassards réfléchissants, gilet haute visibilité, feux additionnels...).

■ La bonne technique

Le bon placement sur la chaussée →

Roulez au milieu de la voie, afin de garder un coussin d'espace de chaque côté de la moto, chaque fois qu'il n'y aura aucun éclairage public et que vous rencontrerez des problèmes de détection.

Adaptez l'allure →

Adaptez l'allure à votre visibilité, et augmentez les distances de sécurité avec les autres usagers.

▲ Zone d'éclairage du feu en virage.

▲ Détection difficile hors agglomération.

▼ Détection difficile en agglomération.

Autoroute

■ Voie d'insertion : pour minimiser l'écart de vitesse entre usagers

La voie d'insertion permet de prendre de l'allure afin de minimiser l'écart de vitesse entre usagers.

Il faut donc dès que possible évaluer le trafic et l'espace puis utiliser la voie pour prendre de l'élan si c'est nécessaire.

Recontrôler l'angle mort avant de changer de voie.

Signaler sa manœuvre en mettant le clignotant.

■ Voie de décélération

Il faut signaler assez tôt son intention et utiliser la voie pour décélérer.

Une trop grande décélération avant d'être dans cette voie peut provoquer une collision en chaîne quelques kilomètres en arrière.

La chaussée peut être glissante (souillures, gravier, résidu de carburant...).

■ Péage

Ne pas oublier de garder sa carte bleue ou sa monnaie ainsi que le ticket de péage dans une poche facilement accessible.

■ Dépassement

Attention aux appels d'air lorsque vous allez dépasser. Vous les ressentirez en dépassant un camion, mais aussi en dépassant une voiture.

Tenez fermement le guidon, serrez bien les genoux, abaissez un peu la vitesse si besoin, regardez devant vous, conservez une bonne distance de sécurité latérale.

• Entrer

Entrer à allure modérée pour évaluer le trafic et l'espace.
Mettez les clignotants et contrôlez les angles morts avant de changer de voie.

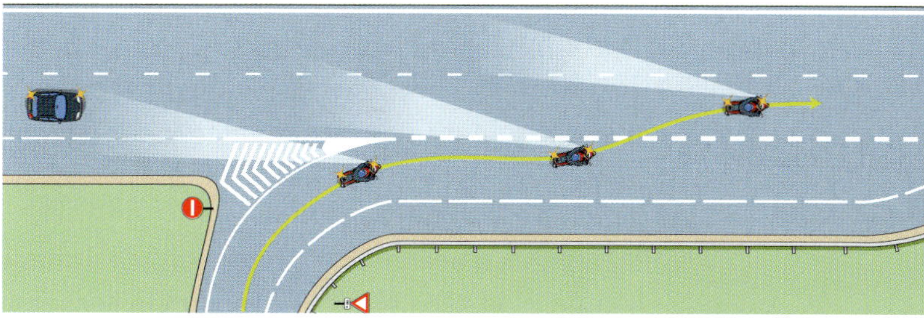

Les voies d'accélération se terminent par un "cédez le passage".
Ne pas s'y arrêter même en cas d'échec d'insertion si d'autres véhicules suivent : utiliser la bande d'arrêt d'urgence comme une voie d'accélération...

• Sortir

*1 - **mettre le clignotant** suffisamment tôt à l'avance.*
*2 - **se placer** dans la sortie dès le début.*
*3 - **ralentir** en fonction du trafic, de l'espace disponible et de la signalisation.*

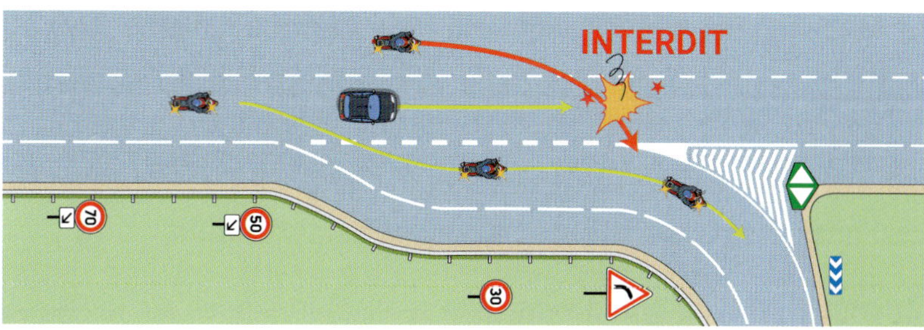

▼ *Dépassement : Attention aux appels d'air !*

Autoroute et voies rapides

L'autoroute est le réseau routier le plus sûr. Les causes d'accidents sur autoroute sont principalement la vitesse excessive ou inadaptée, la perte de vigilance, les manœuvres dangereuses et la conduite sous alcool, médicaments ou stupéfiants.

■ **Connaître les dangers et les risques permet de mieux les anticiper !**

Bon nombre d'usagers ont pris l'habitude d'entrer sur autoroute **sans élan et en forçant le passage**. Une fois dans la voie d'insertion, ils débouchent devant les usagers circulant sur autoroute sans allure, et parfois sans clignotants. **Anticipez !**

Les changements de voie de dernière minute sont fréquents au péage. Méfiez-vous !

Après un long moment à vitesse soutenu, le cerveau met un petit moment à se réhabituer à une vitesse plus lente. Aussi contrôlez régulièrement le compteur de vitesse afin de respecter la nouvelle limitation.

La monotonie du réseau autoroutier provoque entre autres, une baisse de vigilance. Faites des pauses régulières pour garder le contrôle.

Lors d'**intempéries et de grand vent** vous serez plus exposé sur le réseau autoroutier ou sur voies rapides que sur route. Adaptez l'allure, réduisez votre chargement, choisissez le bon équipement et multipliez les pauses.

Lorsque la **circulation est dense**, n'oubliez pas que vous détecter au milieu de la circulation n'est pas forcément chose évidente pour les autres usagers. Assurez-vous d'avoir été vu (recherchez le contact visuel, klaxon…). Anticipez lorsque vous circulez en inter-files.

▲ *La monotonie provoque une perte de vigilance.*

▲ *Détection difficile d'une moto en approche lorsque la circulation est dense.*

Les autres usagers

Les piétons

15 % des tués environ.
Les personnes à mobilité réduite et les conducteurs d'EDP sont assimilées à des piétons.

Ils sont vulnérables et souvent imprévisibles. Ils sont victimes du mauvais comportement des autres usagers. La petite taille des enfants et leur champ de vison réduit, ne leur permettent pas de traiter les informations comme le ferait un adulte. Les personnes âgées voient et entendent moins bien. Elles se déplacent lentement et sont hésitantes dans leurs actions.

Les cyclistes

6 % des tués (vélo + EDPM).
Soyez attentif le long des bandes, des pistes cyclables et lorsque vous tournez à droite.

Ils peuvent se faufiler partout et déboucher là où on ne les attend pas. La nuit, ils ne sont pas toujours bien visibles malgré leurs feux. Attention, en ville ils peuvent, pour leur sécurité, s'écarter des véhicules en stationnement. En ville dans les rues étroites à sens unique, il faudra rester derrière eux.
Le dépassement ne sera pas toujours possible.

Attention ! Pour croiser ou dépasser un cycliste, laisser un écart minimal d'1 m en ville et 1,50 m hors agglomération même s'il circule sur une bande cyclable.

Les utilisateurs d'Engins de Déplacement Personnel

- **10 tués (9 hommes)**

Âges les plus touchés : 18/34 ans

- **Motorisés à partir de 12 ans**

Les règles sont essentiellement les mêmes que celles des cyclistes avec certaines spécificités.

En agglomération
Interdiction de circuler sur le trottoir (sauf dispositions du maire).

Obligation de circuler sur les pistes et bandes cyclables lorsqu'il y en a.
À défaut, ils doivent circuler sur la chaussée où la circulation est limitée à 50 km/h et moins.

Hors agglomération

La circulation est interdite sur la chaussée, elle est autorisée seulement sur les voies vertes et pistes cyclables.

Tout conducteur est tenu de céder le passage, au besoin en s'arrêtant, au piéton s'engageant régulièrement dans la traversée d'une chaussée ou manifestant clairement l'intention de le faire ou circulant dans une aire piétonne ou une zone de rencontre.

6 pts

Les EDP

EDP non motorisés

skateboard

trottinette

roller

EDP motorisés à partir de 12 ans

trottinette électrique

overboard

gyropodes

monoroue

▼ Équipements

Vêtement ou équipement rétroréfléchissant porté la nuit ou en journée lorsque la visibilité est insuffisante + éclairage complémentaire.

Casque fortement recommandé en agglomération.

Obligatoire lorsqu'il existe une autorisation de circuler sur route limitée à 80 km/h maximum

Obligatoire hors agglomération.

25 Vitesse de l'engin limitée à 25 km/h par construction ou bridage.

Les véhicules encombrants

Si vous ne voyez pas les rétroviseurs du poids lourd, alors le conducteur ne peut pas vous voir !

Lourds et encombrants, ils ont besoin de plus d'espace et de temps lorsqu'ils manœuvrent, s'engagent sur un rond-point, tournent dans une intersection ou dans un virage serré, etc.

Lorsqu'il suit un poids lourd, le motard doit se décaler afin d'être perçu par le conducteur. De plus, il doit conserver une bonne trajectoire de sécurité dans les virages serrés afin de ne pas se retrouver en face d'un poids lourd.

Des catadioptres triangles rouges à l'arrière d'un poids lourd indiquent qu'il s'agit d'une remorque.

Les véhicules transportant des matières dangereuses sont identifiables par une plaque orange.

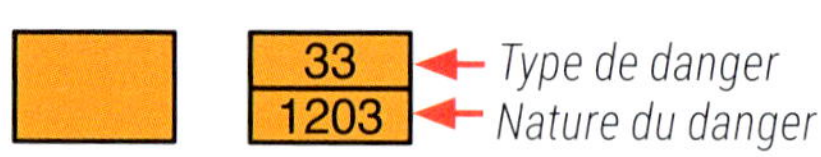

Les véhicules lents

Les véhicules lents sont signalés par des feux clignotants de couleur jaune orangée.

Les véhicules destinés aux ordures ménagères ou les véhicules d'entretien des voiries se déplacent lentement, s'arrêtent souvent et des hommes travaillent autour.

Les véhicules de service peuvent surprendre le conducteur par leur allure très réduite et leurs changements de direction brusques.
Les croiser et les dépasser avec prudence.

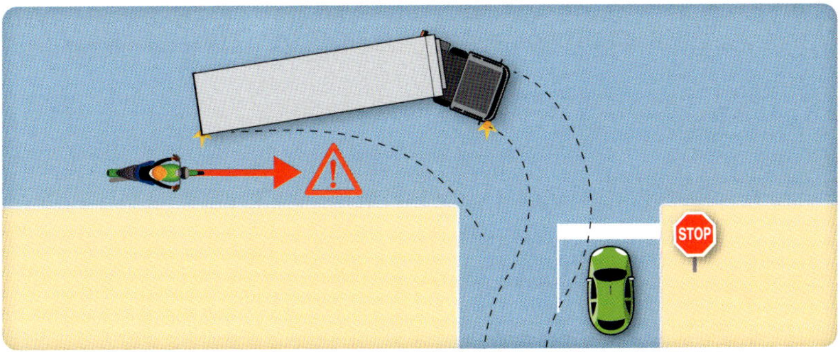

▲ *Tenir compte du gabarit des véhicules lourds.*
Pour tourner à droite, ils doivent parfois se placer sur la voie de gauche.
Soyez prêt à vous arrêter et à leur faciliter le passage.

▲ *Le chauffeur du poids lourd ne sait pas qu'il est suivi.*

▲ *Les vitesses maximales des poids lourds sont indiquées à l'arrière du véhicule.*

▲ *En se décalant, le motard se rend visible. Le chauffeur peut le voir.*

Les véhicules de tourisme

50 % des tués le sont dans un accident de voiture.

Moyen de locomotion utilisé par le plus grand nombre. Cet effet de masse confère aux automobilistes un sentiment de plus grande légitimité sur la route.

La plupart des automobilistes ne possèdent que le permis B. Ce qui fait qu'ils ont peu de connaissances des caractéristiques propres à la conduite des autres véhicules.

Environ **35 %** des motards tués le sont dans une collision contre une voiture.

La voiture est le véhicule le plus impliqué dans les accidents mortels contre une moto. Ils se produisent généralement hors agglomération.

Le différentiel de vitesse est souvent à l'origine de l'accident.

Environ **32 %** des motards décèdent des suites d'un accident en intersection en agglomération.

Les enquêtes sur les accidents en intersections révèlent très souvent que l'automobiliste n'a pas détecté le motard.

Le motard est souvent trop confiant dans son analyse de la situation. Il s'attend souvent à une absence de manœuvre de la part de l'autre usager !

Bien à l'abri dans sa bulle !

La voiture agit comme une bulle protectrice, dans laquelle le conducteur à tendance à oublier qu'il n'est pas seul sur la route.

Il est un grand consommateur de distracteurs alors même qu'il est au volant, (radio, téléphone portable, nourriture, boisson...) l'accompagnent dans ses déplacements. Ces éléments ne lui permettent pas de rester attentif, d'agir rapidement sur les commandes et/ou de bien entendre les bruits d'une moto en approche...

En cas de freinage d'urgence, à 50 km/h, une moto parcourt 3 mètres de plus qu'un véhicule de tourisme !

▲ *L'automobiliste n'a pas détecté le motard.*

▲ *En cas d'urgence, la conductrice ne pourra pas agir sur les commandes rapidement !*

▼ *L'attention du conducteur n'est pas portée sur la route.*

Les bus

Vous devez lui faciliter le passage lorsqu'il quitte un arrêt.

En ville, lorsqu'un bus a allumé son clignotant parce qu'il s'apprête à quitter son arrêt, il faut ralentir ou s'arrêter pour le laisser partir.
Attention, dans certaines villes, les bus circulent quelquefois à contresens de la circulation dans une voie spécialement aménagée.

▲ *Soyez vigilant en dépassant un bus à l'arrêt : des piétons peuvent traverser devant le bus !*

Les autocars

Les autocars affectés au transport d'enfants, sont équipés à l'avant et à l'arrière d'un signal particulier.

◄ *Dès qu'un transport d'enfants fait fonctionner les feux de détresse, il vous indique que des enfants montent ou descendent du bus.*

Partager la rue

C'est en présence des autres usagers que le mot circulation prend tout son sens. Bien conduire, c'est prévoir l'évolution des situations et se préparer à ne pas entrer en conflits avec une des multiples zones qui nous entourent.

Anticiper les déplacements

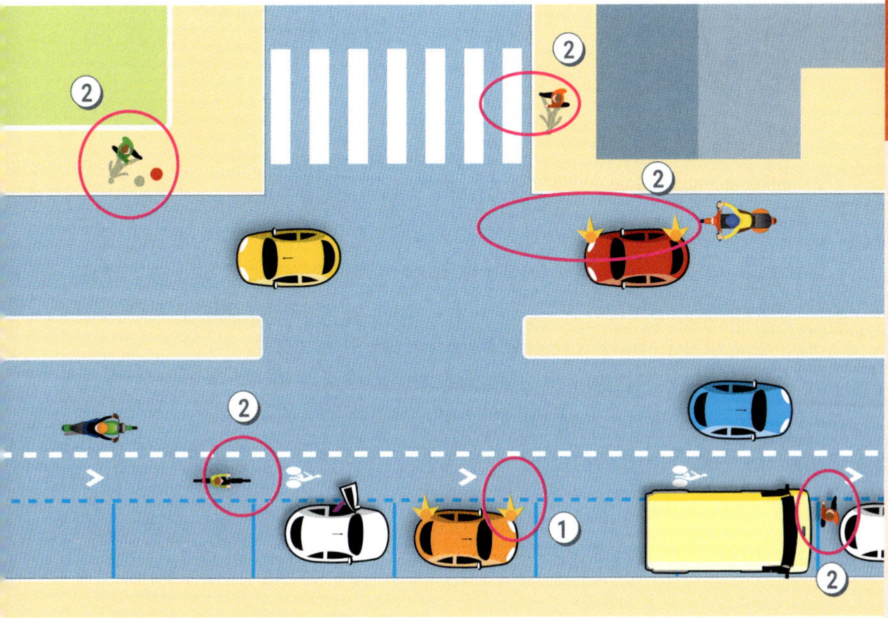

▲ *Évaluer les incertitudes.*

① Zone de danger potentiel : danger prévisible.

② Zone d'incertitude : ensemble des trajectoires qu'un usager est susceptible de suivre dans les prochaines secondes.

Zone de conflit : zone ou plusieurs usagers se rencontrent (exemple : à une intersection).

Les véhicules d'urgence

Véhicules prioritaires
Les autres usagers doivent leur faciliter les croisements, les dépassements mais aussi leur céder le passage aux intersections.

Police, gendarmerie, pompiers, SAMU, SMUR, douanes etc. font partie des véhicules d'urgence prioritaires.
Ils sont autorisés à ne pas respecter la signalisation et les règles de circulation quand ils sont en mission (**gyrophares bleus tournants** et sirène à **2 tons**).
Mais ce n'est pas un droit absolu ! En effet, en aucun cas ils ne doivent mettre en danger les autres usagers.

Véhicules non prioritaires
Lorsqu'ils sont en mission, il convient de leur faciliter le passage !

Ambulances, électricité ou gaz secours, transport de produits sanguins, chasse-neige et autres engins de service hivernal, banque de France, associations médicales... utilisent eux aussi des avertisseurs spéciaux (**gyrophares à éclats bleus**, avertisseur à **3 tons**).
Ils ne sont pas prioritaires aux intersections.

Les convois exceptionnels et véhicules de guidage

Un convoi exceptionnel en mouvement et les véhicules qui l'accompagnent sont prioritaires aux intersections.

Les usagers doivent renoncer à s'engager sur une intersection lorsque l'imminence du franchissement par un convoi leur est signalée par un véhicule d'accompagnement.
De plus lorsque l'intersection comporte des feux tricolores, l'ensemble du convoi a la priorité si le véhicule de tête est passé au vert.
Pour croiser un convoi exceptionnel, les autres usagers doivent réduire leur vitesse et au besoin s'arrêter ou encore se garer pour faciliter le passage du convoi et des véhicules d'accompagnement.

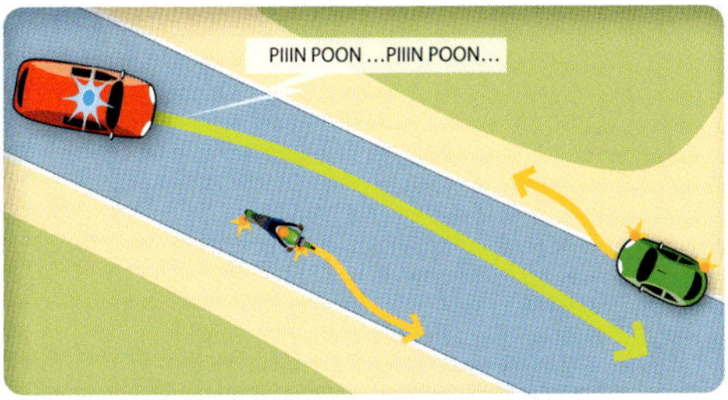

◀ *Véhicules prioritaires.*
Leur faciliter les manœuvres de croisement
et de dépassement.

◀ *Véhicules prioritaires.*
Leur céder le passage
aux intersections (même celles équipées de feux).

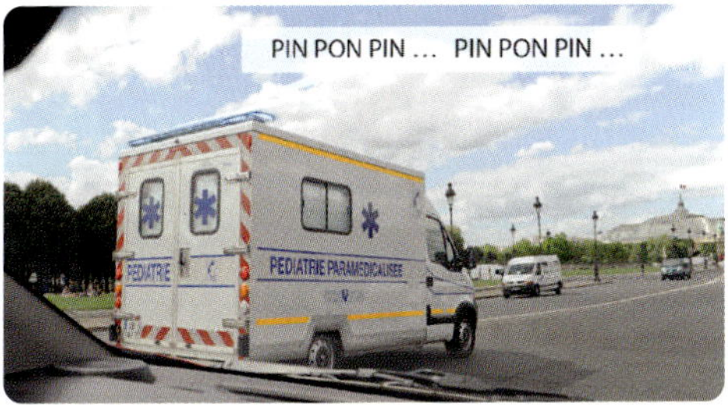

◀ *Véhicules non prioritaires.*
Ils ne sont pas prioritaires
aux intersections.

◀ *Véhicules non prioritaires.*
Lorsqu'ils utilisent leurs avertisseurs spéciaux,
il convient de leur faciliter
le passage.

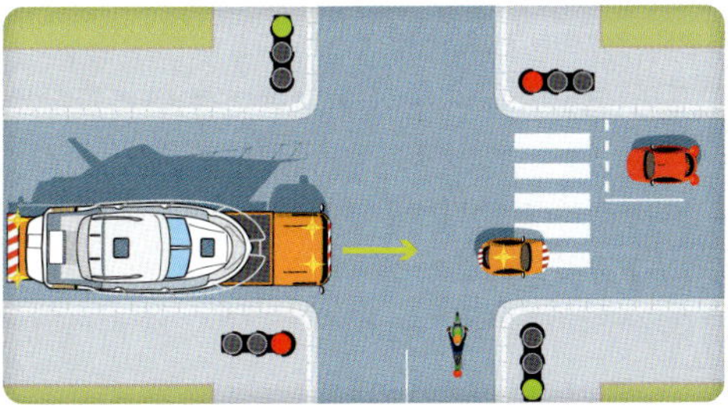

◀ *Si le feu passe au rouge pendant que le reste du convoi franchit l'intersection, la priorité reste au convoi*
et à son escorte.

Les deux roues motorisés

Environ **4,1 %** des tués sont cyclomotoristes.

Malgré un équipement rudimentaire, quand il n'est pas tout simplement absent, une grande partie de cyclomotoristes n'hésite pas à prendre de gros risques et à braver les interdits. Ces faits touchent plus volontiers les jeunes hommes âgés entre 14 et 24 ans.

Environ **4 %** des tués à moto ne portaient pas de casque.

Ce sont les 18/34 ans qui sont le plus représentés parmi les victimes d'accidents mortels avec conduite sans casque.

Mettre un casque sans l'attacher, revient à rouler sans casque.

Les lésions les plus répandues.

Ce sont les membres inférieurs qui sont le plus atteints (63 %), suivi des membres supérieurs (49 %) et de la région tête/face/cou (17 %).

Pour éviter cela, ne vous contentez pas de porter un blouson, un pantalon et des chaussures montantes. Choisissez un équipement capable de vous protéger en cas de chute, résistant à l'abrasion, à la déchirure, à l'écrasement, en cas de choc et capable d'amortir ce dernier.

La conspicuité ou l'illusion d'être vu.

Le motard pense à tort, que parce qu'il roule avec son feu allumé et que sa moto est bruyante, les autres usagers perçoivent son approche.

De plus, il reste convaincu qu'au volant, le conducteur est assidu et concentré et qu'il n'a comme seul souci que d'adapter des comportements sécuritaires aux situations rencontrées.

Qu'on soit derrière un guidon ou un volant, on n'est jamais à 100 % dans sa tâche de conduite.

Un motard averti en vaut deux!

▲ *Brave les interdits et prends des risques !*

▲ *Pour pousser une moto, se positionner à droite de la moto.*

▼ *Un motard avertit en vaut deux !*

Les véhicules agricoles

Lents et encombrants, et parfois salissants !

Étant donné leur gabarit, ils possèdent les mêmes caractéristiques d'encombrement que les poids lourds. Ils circulent à des vitesses plus lentes (entre 25 et 40 km/h selon les cas).

Ils leur arrivent de répandre des souillures sur la route (terre, grain...), ce qui peut poser des problèmes d'adhérence pour un motard.

Ils ne sont pas toujours bien signalés du fait d'un entretien parfois un peu délaissé notamment sur les véhicules anciens.

Aussi, en période de semence, de moisson, de récolte, anticipez ces désagréments en adaptant votre allure si vous circulez sur des petites routes de campagne.

Les autres usagers

Chaque usager, selon qu'il est une femme ou un homme, selon son âge, sa représentation du risque, sa représentation de l'autre, son expérience, son éducation, son moyen de locomotion, son caractère, a sa façon de penser la route.
Il y a autant de bons et de mauvais comportements qu'il y a d'individus.
Aussi, acceptez d'envisager la route comme un domaine à partager sur lequel il faut faire preuve de courtoisie et pour lequel il faut bien souvent accepter de faire des compromis !

▲ *Souillures sur la route causées par des véhicules agricoles.*

▲ *Problème d'adhérence en virage : risque de dérapage.*

Notions diverses

D

Les documents administratifs

Documents obligatoires

Le permis
À présenter à tous les contrôles.

Provoquer un accident alors qu'on conduit sans permis, c'est s'exposer à devoir rembourser à l'assureur les sommes versées aux victimes.

Certificat d'immatriculation (carte grise)
C'est l'autorisation de circuler du véhicule et elle permet son identification avec le N° d'immatriculation.

Obligatoire, à avoir sur soi.

Le système d'immatriculation permet de conserver le même numéro de la mise en circulation jusqu'à la destruction, même en cas de changement de propriétaire ou de déménagement.
En cas de vente ou de changement de domicile, il est obligatoire de demander la modification du certificat d'immatriculation dans le délai d'un mois. En cas de perte ou de vol du certificat, le récépissé est valable 1 mois.

Le certificat d'assurance

Le conducteur doit pouvoir présenter l'attestation d'assurance, et le certificat d'assurance doit être apposé à un endroit visible sur la moto (bulle, garde-boue avant, fourche, carénage avant).

Vignette de contrôle technique

Si la mesure est maintenue, à partir du 1er janvier 2023, les motos qui ont subi une visite technique devront porter une vignette.

Accessoires obligatoires

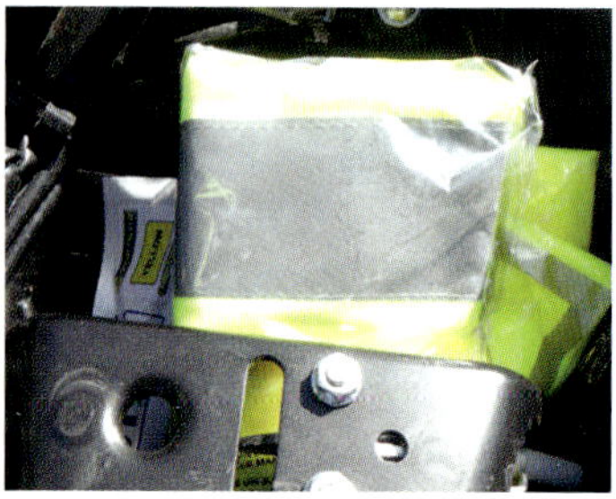

Le Gilet

Gilet rétroréfléchissant : à portée de main.

Conduire un véhicule sans être titulaire du permis de conduire correspondant à la catégorie du véhicule considéré est puni de 1 an d'emprisonnement et de 15000 euros d'amende.

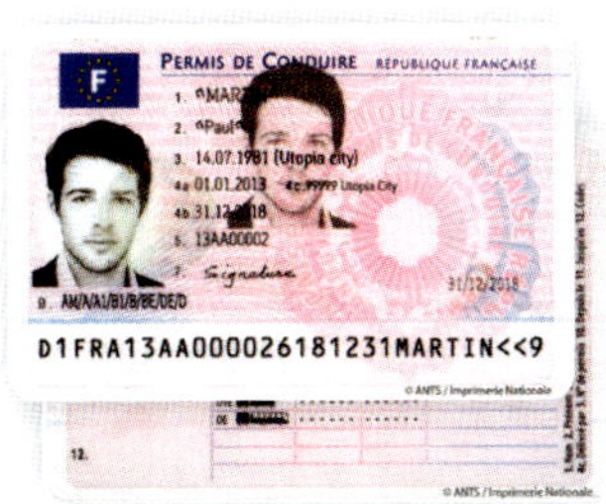

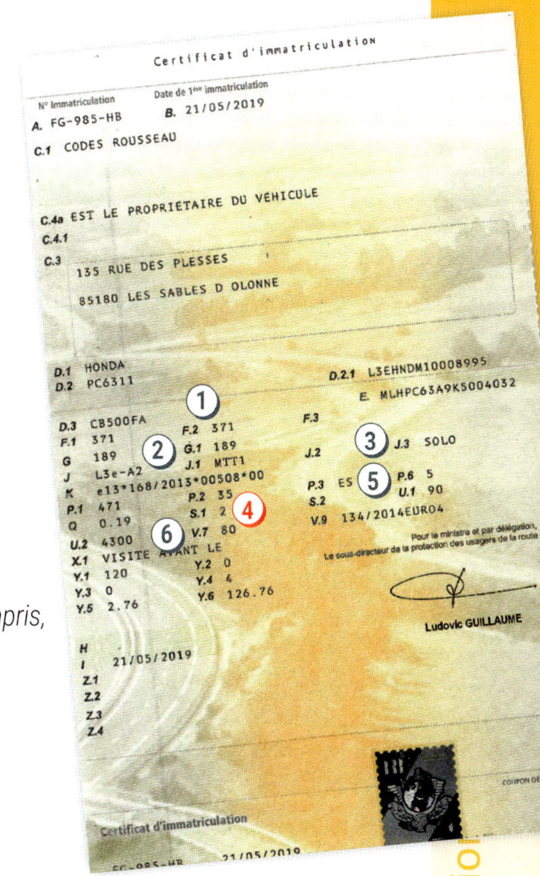

1. *(F2) PTAC Poids maximum à ne pas dépasser.*
2. *(G1) PV : Poids à vide.*
3. *(J3) Carrosserie. moto solo ou side-car*
4. *(S1) Nombre maximum de personnes, conducteur compris, pouvant être transportées.*
5. *(P3) Carburant.*
6. *(V7) Taux de rejet de CO_2/km parcouru.*

L'oubli du permis de conduire ou du certificat d'immatriculation est sanctionnable par une contravention (amende forfaitaire de 11 € par document manquant). Il faut présenter les documents dans les 5 jours au commissariat ou à la gendarmerie de son choix sous peine d'une nouvelle amende de 4e classe.

Documents facultatifs

Constat amiable

Chaque conducteur impliqué dans l'accident, après avoir signé le constat, doit le renvoyer dans les 5 jours ouvrés (2 jours en cas de vol) à sa compagnie d'assurance.

Il est en général fourni par votre assureur.
Il n'est pas obligatoire mais fortement conseillé de l'utiliser, car lors d'un accident matériel, il permet d'accélérer le règlement (en cas d'accident corporel, il est obligatoire d'appeler les forces de l'ordre). Avoir un constat prérempli dans sa partie administrative permet de se concentrer sur la sécurité des lieux plutôt que sur la recherche fastidieuse d'informations.

Le e-constat

Le e-constat a la même valeur que le constat papier. L'envoi électronique accélère la réception.

Le constat amiable est disponible par téléchargement sur le smartphone. Cette application reconnue par les assurances propose une aide au remplissage et permet même de joindre des photos de l'accident. Une fois rempli, vous le transmettez directement par mail à votre assureur.

Assurance

Attention, conduire sans permis et provoquer un accident, c'est devoir rembourser à l'assureur les sommes versées aux victimes.

Être assuré, c'est éviter d'avoir à payer des sommes considérables en cas d'accident.

Garantie minimum obligatoire

Cette assurance dite "au tiers" couvre les dégâts causés au tiers, c'est-à-dire aux autres usagers impliqués dans un accident. Elle intervient lorsque le conducteur est responsable ou partiellement responsable d'un accident.

Garanties facultatives

Elles assurent le véhicule contre les dommages matériels, et le conducteur contre les dommages corporels.

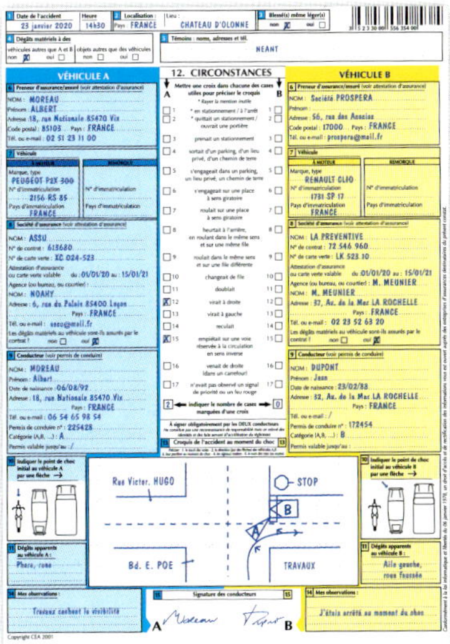

▲ Ne pas modifier le recto après signatures des deux parties.

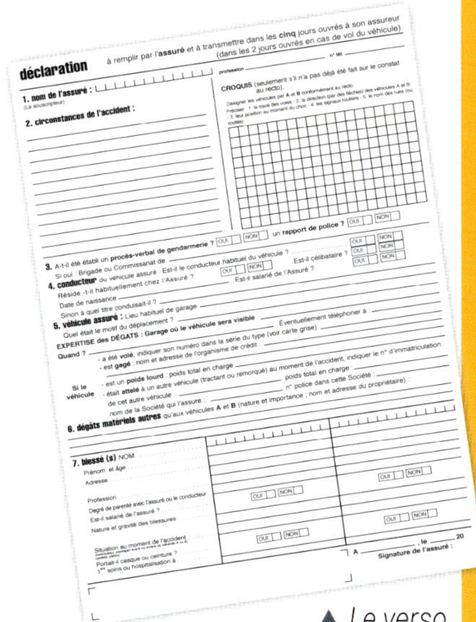

▲ Le verso se remplit une fois les feuillets séparés. Il permet d'accélérer la gestion du dossier mais ne sert pas à déterminer les responsabilités.

Si l'autre conducteur refuse de remplir le constat, relevez au moins son immatriculation et si possible son nom et ceux des témoins et prévenez immédiatement votre assureur.

Conduire sans être assuré, c'est courir de graves ennuis financiers en cas d'accident.

Assurances

Obligatoire	Risques couverts
• Responsabilité civile	Tous les dommages (matériels et corporels) causés aux tiers.
Du véhicule (facultatives)	**Risques couverts**
• Dommages - Collision	Dommages subis par le véhicule lorsque le conducteur est responsable d'un accident avec un piéton ou un autre véhicule identifié.
• Dommages tous accidents (tous risques)	Dommages subis par le véhicule, quelles que soient les circonstances de l'accident (y compris en cas de vandalisme).
• Vol - Incendie	Disparition, détérioration du véhicule en cas de vol ou d'incendie.
• Bris de glace	Bris de vitres, et éventuellement des optiques.
• Défense - Recours	Défense devant les tribunaux.
Du conducteur (facultative)	**Risques couverts**
• Garantie du conducteur	Dommages corporels subis par le conducteur.

Le permis à points

Le permis n'est pas un document acquis définitivement.

Le permis à points a été instauré afin de responsabiliser les conducteurs et les inciter à respecter les règles du Code de la route.

Capital initial et permis probatoire

18 % des conducteurs novices sont impliqués dans un accident corporel.

Le capital initial est de 6 points.

Le permis probatoire concerne les conducteurs qui viennent d'avoir leur permis et les conducteurs dont le permis a été annulé ou invalidé par la perte totale de points.

Perte de points

La perte varie selon l'infraction.

2 sortes d'infractions entraînent une perte de points :
- les contraventions (perte de 1 à 6 points),
- les délits (perte directe de 6 points).

Commettre en même temps plusieurs infractions peut entraîner un retrait cumulé de 8 points maxi.

Reconstitution du capital

Au bout de 6 mois.

La perte d'un point est récupérée automatiquement si le conducteur n'a subi aucun retrait de points durant 6 mois.

Au bout de deux ou trois ans.

Pour les conducteurs en période probatoire, le délai reste fixé à **3 ans** quelle que soit la classification de l'infraction.

Le capital est porté automatiquement à 12 points si le conducteur n'a subi aucun retrait de points pendant un délai de 2 ans. Celui-ci est porté à 3 ans si l'infraction commise est un délit ou une contravention de la 4e ou 5e classe.

Stage de formation.

Obligatoire pour tout retrait égal ou supérieur à 3 points pendant la période probatoire.

Un stage permet de récupérer 4 points maximum. Tous les conducteurs dont le capital est passé à 6 points ou moins, reçoivent un courrier recommandé leur proposant un stage de sensibilisation à la sécurité routière. Il est possible de suivre un stage tous les ans.

Barème (exemples).

Nature de l'infraction	Amende	Suspension de permis	Retrait de points
• Excès de vitesse (de 1 à 19 km/h) vitesse supérieure à 50 km/h	68 €	Aucune	**1 point**
• Excès de vitesse (de 1 à 19 km/h) vitesse limitée à 50 km/h	135 €	Aucune	**1 point**
• Excès de vitesse (de 20 à 29 km/h)	135 €	Aucune	**2 points**
• Excès de vitesse (de 30 à 39 km/h)	135 €	3 ans maxi	**3 points**
• Excès de vitesse (de 40 à 49 km/h)	135 €	3 ans maxi	**4 points**
• Excès de vitesse de 50 km/h ou plus	Maxi 1 500 €	3 ans maxi	**6 points**
• Récidive d'excès de vitesse de 50 km/h ou plus	Maxi 3 750 €	3 ans maxi	**6 points**
• Alcoolémie (de 0,50 à 0,79 g/l de sang)	135 €	3 ans maxi	**6 points**
• Conduite après usage de drogues	Maxi 4 500 €	3 ans maxi	**6 points**

Attention, quand un permis est suspendu, toutes les catégories le sont aussi.

Il est possible de connaître à tout moment le solde des points du permis de conduire via une connexion à un site spécialement dédié et sécurisé : http://www.telepoints.info

▲ *Remplissez au préalable votre demande de code d'accès pour pouvoir consulter ce site.*

Notions diverses

D

Perte du permis (invalidation)

Quand il ne reste plus de points, le permis est dit "invalidé". Pour un novice durant la 1re année du permis, cela concerne toutes les infractions à 6 points.

Le permis est automatiquement invalidé pour toutes les catégories (auto, moto, poids lourds...). La conduite est interdite. Il n'est plus possible de regagner des points en suivant un stage de sensibilisation.

Un conducteur novice devra subir un contrôle médical et des tests psychotechniques puis repasser les épreuves théorique et pratique pour retrouver l'usage du droit de conduire. Il repartira de plus pour une nouvelle période probatoire de 3 ans.

Retrait immédiat du permis de conduire

Pour des raisons de sécurité immédiate, les agents peuvent retirer le permis sur-le-champ. Il sera transformé en suspension administrative par le préfet en attendant la décision du tribunal.

- État alcoolique ou refus de dépistage.
- Excès de vitesse de 40 km/h et plus.
- Usage de stupéfiants.
- Lors d'un accident mortel avec soupçon d'infraction liée à la vitesse, aux règles de priorités de passage, de croisement, ou de dépassement.

Contraventions

Le propriétaire d'une moto est responsable des infractions commises, sauf s'il prouve que ce n'est pas lui qui était au guidon.

Les amendes forfaitaires

Le conducteur peut contester une amende mais il lui faudra d'abord verser une consignation du montant de l'amende forfaitaire, puis s'expliquer devant le tribunal de police, qui pourra le relaxer ou le condamner. L'amende sera alors plus élevée.

Le tribunal de police

Pour les contraventions de 5e classe : amende jusqu'à 1 500 € et 3 ans maxi de suspension de permis.

Délits

Le tribunal correctionnel
Certains délits bénéficient de la procédure de l'amende forfaitaire (défaut de permis, d'assurance).

Les délits sont les infractions les plus graves, pour lesquelles le conducteur sera jugé devant un tribunal correctionnel. Les délits peuvent entraîner une peine d'emprisonnement.
Le juge peut par exemple obliger le conducteur à suivre un stage de sécurité routière ou à effectuer des travaux d'intérêt général (TIG).

Nature de l'infraction	Amende maximum	Amende forfaitaire		
		minorée	normale	majorée
1re classe	38 €	–	11 €*	33 €
2e classe	150 €	22 €	35 €	75 €
3e classe	450 €	45 €	68 €	180 €
4e classe	750 €	90 €	135 €	375 €
5e classe	1 500 €	–	–	–
Délit	Conduite sans assurance	400 €	500 €	1 000 €
Délit	Défaut de permis	640 €	800 €	1 600 €

▲ *Le retrait de points est effectif le jour du paiement de l'amende (forfaitaire ou majorée).*
** 4 € pour les contraventions commises par les piétons.*

-6 pts

*Le **délit de fuite** est constitué lorsque le conducteur refuse d'être identifié alors qu'il est conscient d'avoir causé un accident ayant entraîné des dommages matériels et/ou corporels. Jusqu'à 3 ans de prison et 75 000 € d'amende.*

-6 pts

*Un conducteur qui refuse d'obéir à un ordre de s'arrêter émanant des forces de l'ordre, commet un **délit de refus d'obtempérer**. Jusqu'à 1 an de prison et 7 500 € d'amende.*

Atteler une remorque ou une caravane

Réglementation

Le PTAC de la remorque d'une moto, d'un cyclomoteur, d'un tricycle ou d'un quadricycle à moteur ne doit pas dépasser 50 % du poids à vide du véhicule tracteur.

Si la remorque pèse plus de 80 kg, elle devra être pourvue de 2 dispositifs de freinage à commandes indépendantes. Ce dispositif doit être à action rapide et suffisamment puissant pour arrêter et maintenir à l'arrêt le véhicule. Sa mise en œuvre ne doit pas affecter la direction du véhicule circulant en ligne droite.

Une moto ou un quadricycle avec ou sans remorque ne peut mesurer plus de 4 mètres de long et plus de 2 mètres de large.

Si la moto est attelée, la caravane ou la remorque doit nécessairement être homologuée et immatriculée (la plaque doit être éclairée) et disposer de feux arrière, de feux de stop, de clignotants et de catadioptres rouges.

L'ajout d'une remorque ou d'une caravane doit être déclaré à l'assureur

---

Le side-car moto

Réglementation

Le side-car (récent) doit être équipé à l'avant d'un feu de position, à l'arrière d'un feu stop et d'un catadioptre. Il pourra également être équipé de feu(x) diurne(s), d'un feu de marche arrière, de feu(x) de brouillard avant, de clignotants et donc d'un signal de détresse (avant et arrière).

Une moto équipée d'un side-car permet le transport de 3 personnes (pilote compris). Il est aussi possible de tracter une remorque.

Encore appelé panier, ce dernier peut être ajouté sur une moto ou un scooter à partir de 50 cm^3. En France, on ne le retrouve que sur des motos de grosses cylindrées.

Il existe de nombreuses variétés de side-car : amovible, fixe, pendulaire, 1 ou 2 places, rudimentaire ou au contraire luxueux...

Le transport du passager

Adopter une conduite prudente... Réduire l'allure et allonger la distance de sécurité!

Conséquences

Conduire avec un passager a pour conséquences:

- un délestage de la roue avant,
- une modification de la garde au sol et un déplacement du centre de gravité,
- une moto plus lourde,
- une augmentation de la prise au vent,
- un renoncement aux dépassements si la moto n'est pas très puissante!

Installation

Pour le passager:

- casque sanglé sur la tête,
- assis très proche du motard,
- genoux collés au motard,
- pieds sur les repose-pieds,
- mains aux poignées de maintien de la moto ou bras autour de la taille du pilote.

Passager novice

Comportement typique:

- il se crispe, ne fait pas corps avec le conducteur,
- il ne suit pas l'inclinaison en virage,
- il fait contrepoids et provoque une instabilité...

Évitez de transporter des objets encombrants ou coupants dans un sac à dos (dangereux, en cas de chute). Utilisez de préférence des sacoches moto.

▲ *Transporter un passager débutant peut être dangereux.*

▲ *Voyager à plusieurs, ne pas négliger les pauses.*

Une moto bien entretenue est un gage de sécurité.

La fréquence des vérifications et de l'entretien sera différente d'un organe à l'autre.
La notice d'utilisation contient des renseignements précieux qui permettent au motard de réaliser tous les entretiens courants nécessaires au bon fonctionnement de sa machine.

De manière générale

Avant chaque départ, il sera judicieux de jeter un coup d'œil à l'état général de la moto en vérifiant notamment qu'il n'y a pas de fuite sous le moteur. Il faudra ensuite vérifier de façon plus poussée l'état et le fonctionnement de certains organes.

Moto sur béquille centrale ou béquille d'atelier, vérifiez les niveaux :

Liquide de refroidissement

Vérifiez que le niveau soit entre le mini et le maxi. S'il en manque ajoutez-en.

Huile moteur

Vérifiez que le niveau soit entre le mini et le maxi.

Si besoin ajoutez-en. Si votre moto est à carter sec, faites tourner le moteur quelques minutes avant de vérifier le niveau.

Attention, il ne faut pas mettre d'huile froide dans un moteur chaud !

Liquide de frein avant et arrière

Vérifiez que le niveau soit compris entre le mini et le maxi. Attention, une baisse rapide du niveau de liquide de frein indique un problème sérieux au niveau des freins. Faites vérifier cela par un professionnel.

▲ *La notice d'utilisation permet de trouver les informations pratiques sur sa moto.*

Vase d'expansion pour ajouter du liquide de refroidissement. ▶

▲ *Orifice de remplissage et fenêtre de contrôle de l'huile moteur.*

▲ *Niveau de liquide de frein avant.*

▲ *Niveau de liquide de frein arrière.*

Le guidon

Tableau de bord

- N Neutral (point mort) (GEAR : rapport de vitesse)
- Feu de route
- Pression d'huile
- Dysfonctionnement moteur
- Témoin d'ABS

Clé de contact (permet le blocage de la direction)

Fenêtre de contrôle du niveau du liquide de frein avant

▲ *Un petit tour d'horizon des commandes présentes sur le guidon.*

Avant de la moto

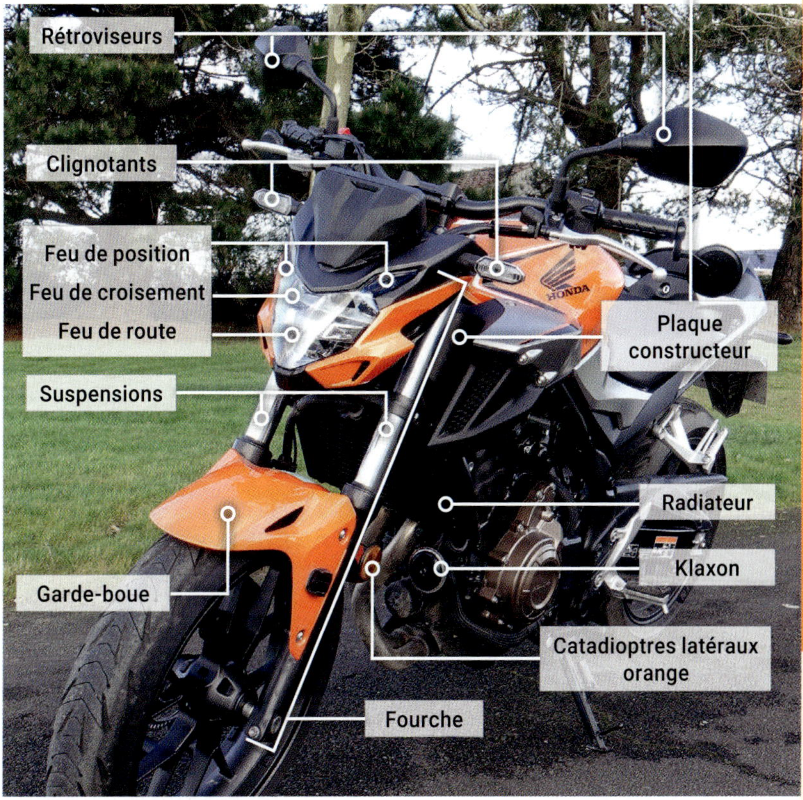

▲ **Feu de croisement :** *éclaire à 30 m.*

Feu de position : *visible à 150 m.*

▲ **Feu de route :** *éclaire à 100 m.*

Une panne d'éclairage peut être due à une ampoule ou un fusible grillé.

Vue de côté

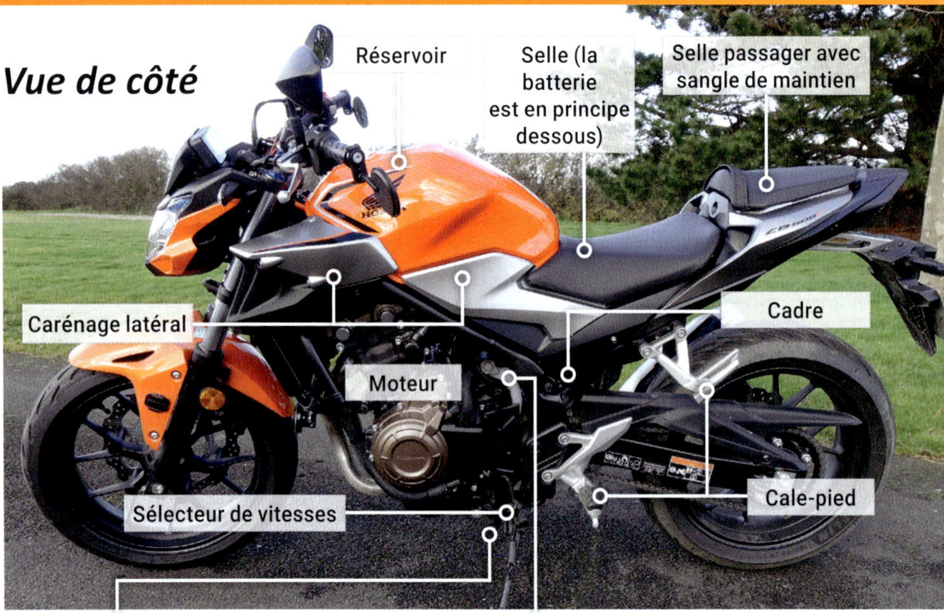

Reniflards

Vase d'expansion de liquide de refroidissement

Niveau d'huile moteur

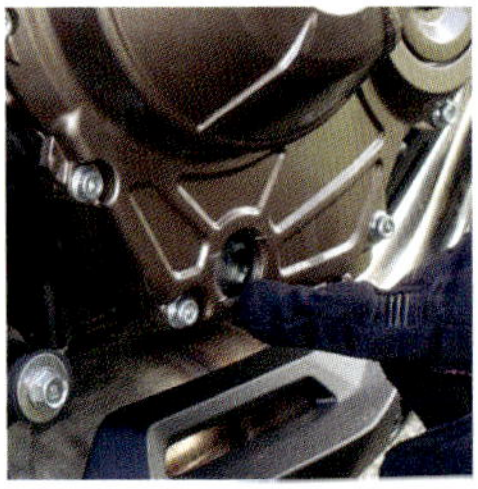

Situés côté droit de cette moto :

Réservoir de liquide de frein arrière

Pédale de frein arrière

Arrière de la moto

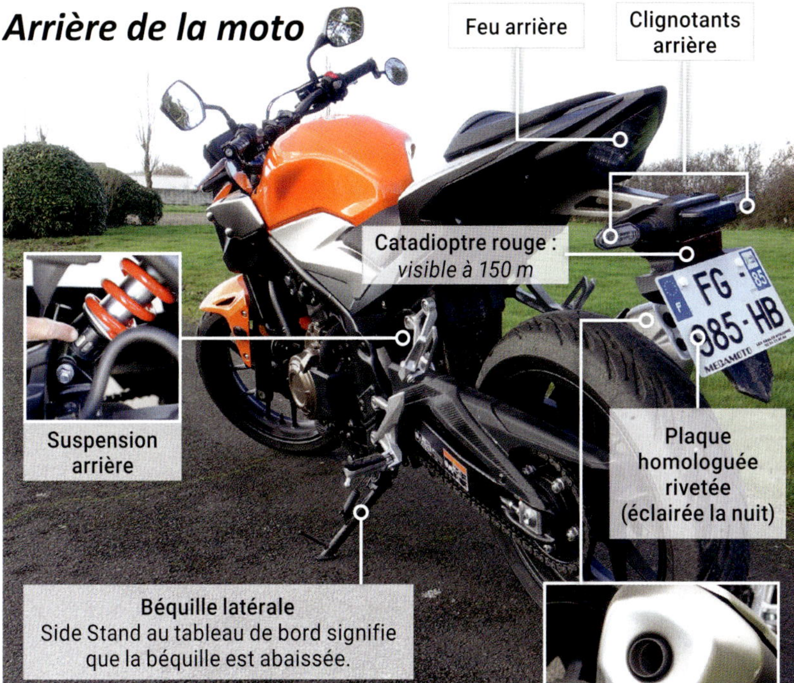

Échappement
(à droite de la moto)

Transmission à chaîne

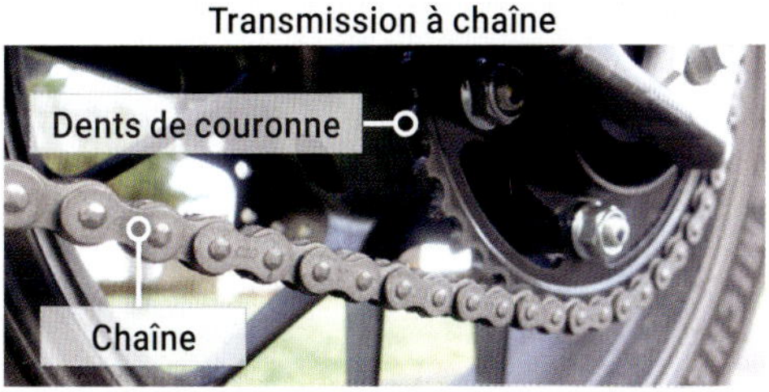

Feu de position :
visible à 150 m

Système de freinage
(étrier, disque de frein, couronne ABS)

Il existe des étriers flottants ou fixes.
Sur les systèmes à étriers flottants, la plaquette extérieure s'use plus vite.

Feu de Stop

Vérifications d'usage

Démarrez la moto, vérifiez que les voyants d'alerte s'éteignent.

Coupe-circuit

Coupez le moteur à l'aide du coupe-circuit pour vérifier son fonctionnement.

Poignée d'embrayage

Vérifiez la garde et l'état du câble (il ne doit pas être effiloché).

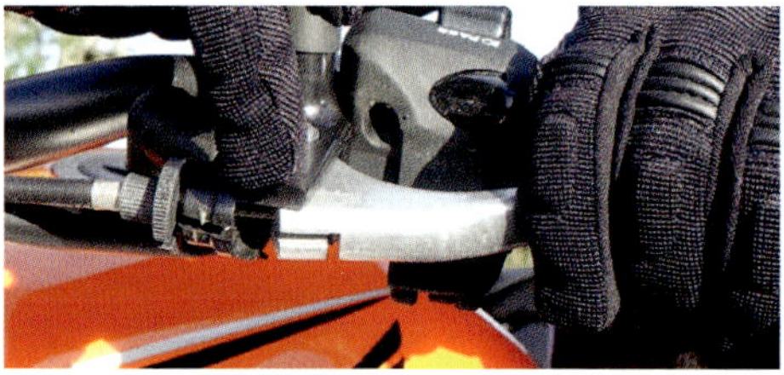

Poignée de frein

Vérifiez la garde, le bon allumage du feu stop ainsi que l'état et la propreté de l'optique arrière.

Poignée d'accélération

Vérifiez sa rotation et son bon retour.

Klaxon

Vérifiez son fonctionnement.

Rétroviseurs

Vérifiez leur état, leur propreté et leur réglage.

Direction

Vérifiez qu'il n'y a pas de point dur dans la direction.
Tournez le guidon de droite à gauche et vice et versa.

Suspension

Appuyez sur le guidon et vérifiez la bonne étanchéité des joints de fourche.

Il ne doit pas y avoir de fuites ou de gros dépôts sur les tubes de fourches.

Tés de fourche

Vérifiez visuellement qu'ils sont bien serrés.

Feu avant

Vérifiez l'allumage du feu de position ainsi que le passage en feu de route/feu de croisement (vérifier le témoin au tableau de bord), ainsi que le bon état et la propreté de l'optique.

Vérifiez et réglez si nécessaire la hauteur du feu avant lorsque vous voyagez avec passager et bagages.

Clignotants et feux de détresse

Vérifiez leur fonctionnement à l'avant et à l'arrière ainsi que l'état et la propreté des optiques.

Le clignotement rapide du témoin ou d'une ampoule, signifie que le fusible est bon mais qu'une ampoule est grillée.

Pneus avant et arrière

Faites tourner la roue à l'arrêt. Vérifiez l'état des flancs (pas de hernie ou de coupure) et la bande de roulement (pas de corps étrangers).
Vérifiez le sens de rotation, l'usure, le gonflage.

Freins avant et arrière

Vérifiez que le disque de frein et que la couronne d'ABS ne sont ni fendus, ni voilés et qu'il n'y a pas de saleté dans les trous.
Vérifiez l'état et l'usure des plaquettes.

▲ *Disque de freins.*

▲ *Couronne d'ABS.*

▲ *Plaquettes.*

Pédale de frein

Vérifiez sa garde, ainsi que l'allumage du feu de stop.

Transmission

Vérifiez la flèche (30 mm de débattement libre), le graissage, l'usure, ainsi que les dents de la couronne (elles doivent comporter un plat).

Fréquence de vérification: 500 km environ ainsi que chaque fois que vous voyagez avec passager et bagages.

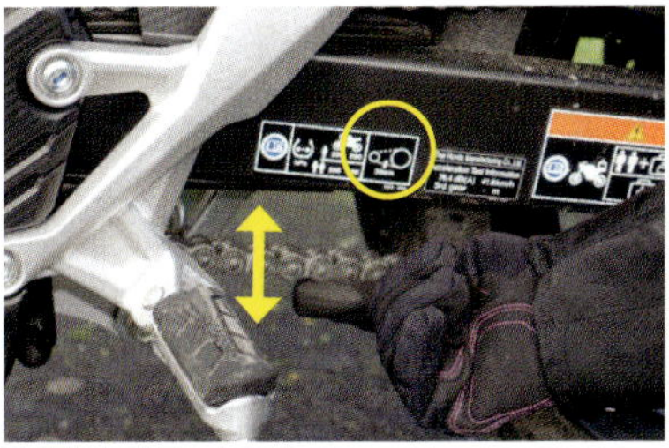

Il existe 2 autres modes de transmission:

- à courroie,
- à cardan.

Transmission à courroie

Suspension arrière

Vérifiez que le réglage correspond à votre utilisation de la moto (moto duo/solo).

Durcir la suspension lorsque vous voyagez avec passager et bagages.

Plaque d'immatriculation et catadioptre rouge

Vérifiez qu'ils sont propres.

Plaque

Vérifiez qu'elle est lisible et que son éclairage fonctionne.

Les pneus

Ils ont un rôle essentiel puisqu'ils sont **le seul point de contact** avec la chaussée. Ils doivent assurer une bonne adhérence et surtout une très bonne **qualité de freinage**.

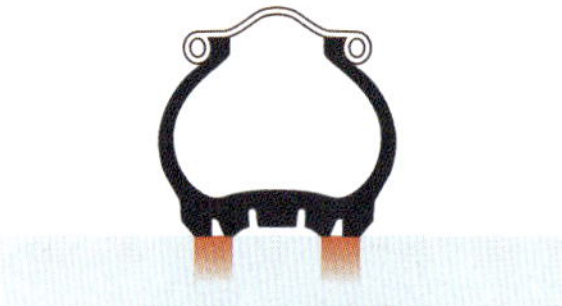
Pneu sous-gonflé

Pneu surgonflé

✔ Bonne pression

Des **pneus sous-gonflés** diminuent la tenue de route et augmentent le risque d'éclatement. De plus lorsqu'il pleut, qu'il soit sous-gonflé ou usé, un pneu a plus de mal à évacuer l'eau (phénomène d'aquaplaning ou aquaplanage).

La pression se vérifie généralement à froid, à chaud elle est plus importante dans le pneu.

Surgonfler ses pneus est conseillé en cas de charge plus élevée (passager/bagages) ou de long trajet sur autoroute.

L'usure d'un pneu est fonction de la conduite pratiquée. Il s'usera plus vite lors de fortes accélérations suivies de nombreux freinages, mais aussi en fonction de la vitesse pratiquée.

Pour donner le meilleur d'eux-mêmes, les pneus doivent atteindre leur température de fonctionnement. N'hésitez pas lors des premiers kilomètres à faire quelques accélérations et freinages souples.
Attention, les pneus « SLICK » lisses et à crampons sont réservés à la compétition (interdits sur route).

Certains pneus sont équipés de valves coudées. Ces dernières limitent les pertes de pression.

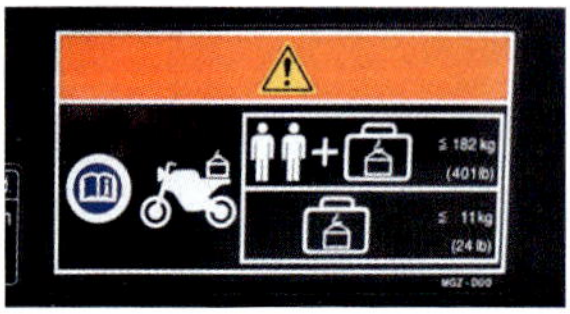

Pour connaître la pression de gonflage idéale de vos pneus, reportez-vous à la notice d'utilisation ou aux prescriptions en principe collées sur le bras oscillant.

La date de fabrication d'un pneu est indiquée sur le flanc à côté de la mention DOT (conformité USA).

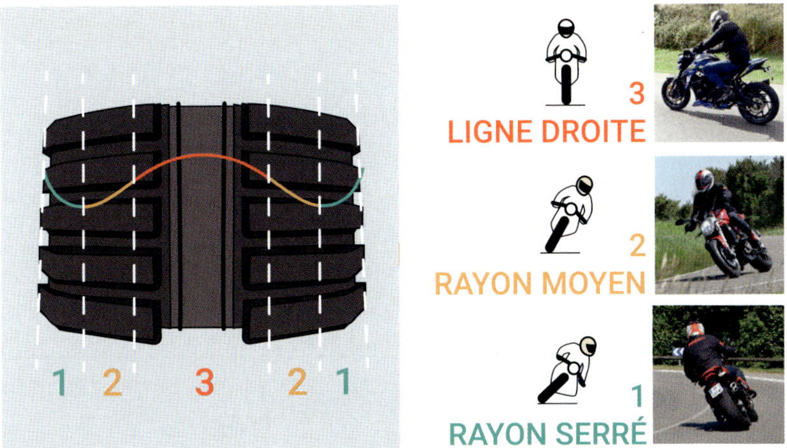

▲ *Surface de contact.*

▲ *Différentes parties d'un pneu.*

▼ *Le témoin d'usure d'un pneu est situé à 1,6 mm et l'usure minimale de la bande de roulement est de 1 mm.*

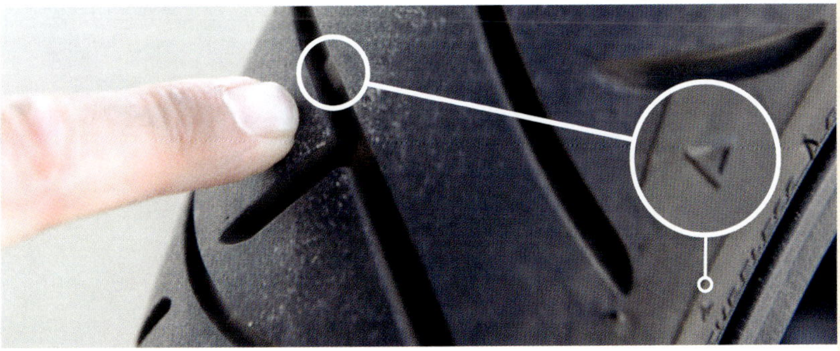

Le contrôle technique

Si la mesure est maintenue, à partir du 1er janvier 2023, les véhicules motorisés à deux ou trois roues et les quadricycles à moteur feront l'objet d'un contrôle technique prévue dans des conditions similaires à celui déjà en place pour les véhicules légers.

Les modifications interdites

Sur une moto, il est interdit de modifier sans autorisation au préalable, le dispositif d'échappement, le système de transmission, la cylindrée, (taux de compression et puissance), ainsi que le diamètre des roues.

Les autres accessoires

Il est possible d'ajouter un **feu de brouillard arrière** sur votre moto (proposé en option sur certains modèles).

Vous pouvez **équiper** (bagages, GPS, remorques, etc.) et **customiser** votre machine avec divers accessoires (objets personnalisés, etc.) afin qu'elle réponde au mieux à vos besoins et envies.

Si vous roulez par temps de neige, il est possible d'équiper votre moto de **chaussettes ou de chaînes à neige**.

Penser à investir dans un système antivol.

En France une moto est volée toutes les 10 minutes !

▲ *Antivols moto.*

▲ *Ajout d'une boule d'attelage pour remorque ou caravane.*

▲ *GPS moto.*

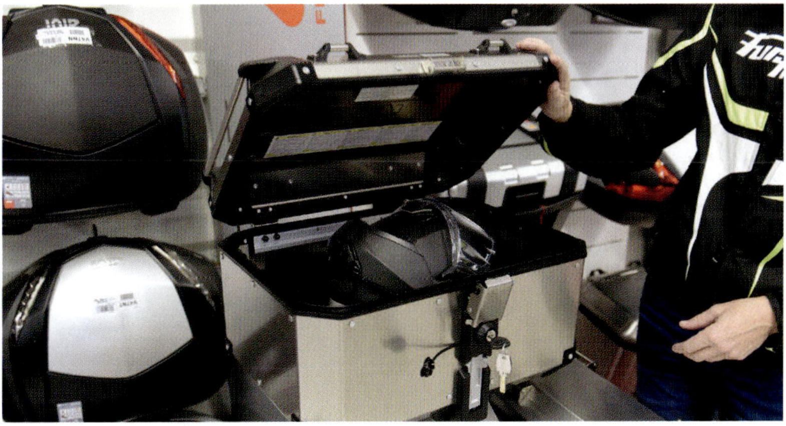

▲ *Choisissez un équipement qui réponde à votre besoin.*

Équipements de protection et éléments de sécurité

S

L'équipement moto

Pourquoi s'équiper à moto ?

En circulation, le motard et le passager sont directement soumis à l'influence des différents éléments (le vent, le froid, la chaleur, les intempéries, les projections, etc.), mais également au risque élevé de blessures en cas de chute ou de choc.

Le marquage CE et la norme ECE

La norme ECE généralement présente sur la jugulaire indique qu'un casque est homologué.

Le marquage CE indique que l'équipement sur lequel il est apposé est conforme à une directive Européenne. Les équipements moto bénéficiant de cette certification, vous offrent la garantie qu'ils ont bien été conçus pour ce type d'usage.

Pour rouler à moto, il est obligatoire pour le pilote et le passager d'être équipé d'un casque portant la norme ECE et de gants certifiés CE (norme EN 13594), impliquant en plus la présence du pictogramme moto.

Les Équipements de Protection Individuelle

À l'exception du casque, vos équipements de moto sont des EPI. C'est-à-dire que vos vêtements et chaussures (ou bottes) de motos vous offrent une protection spécifiquement étudiée contre les risques liés à l'usage de la moto.

Pour être efficace, vos EPI moto sont de catégorie 2, c'est-à-dire prévue pour faire face aux risques liés à la conduite de 2RM de plus de 50 cm^3.

Un EPI de catégorie 2 vous offre 3 niveaux de protection : niveau urbain, niveau 1 et niveau 2.

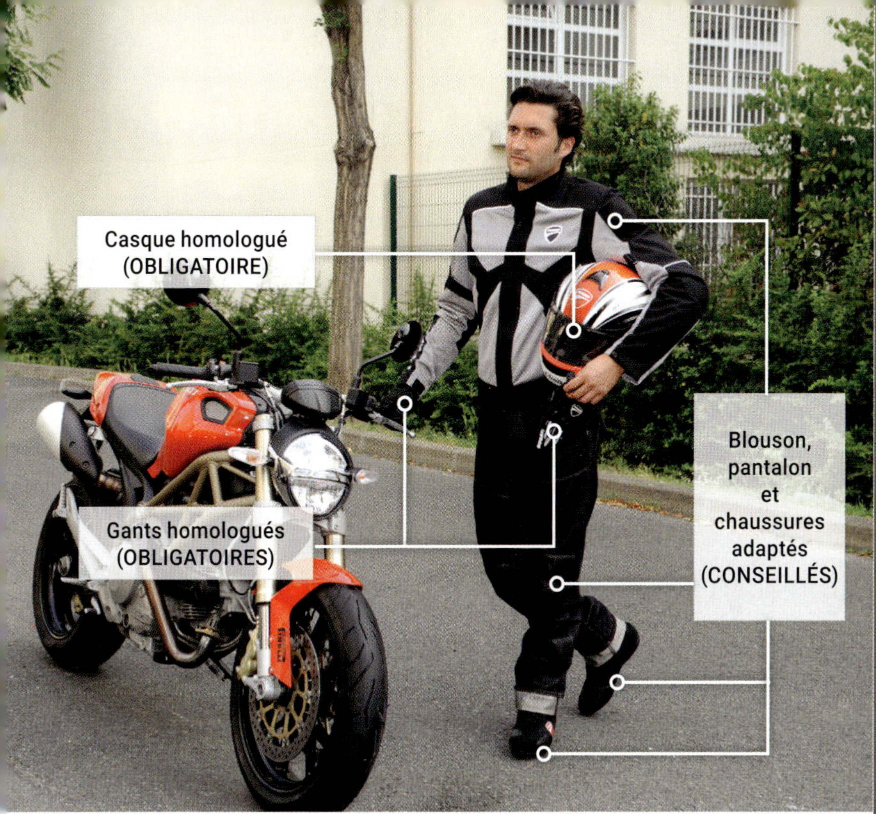

▲ *Exemple d'équipements.*

*Un bon équipement contribue ▶
à limiter les effets d'un choc !*

CE APPROVED

◀ *Logo EPI : Équipement de Protection Individuelle*

▲ *CE : norme d'homologation européenne*

Le casque

■ Conçu dans des matériaux appropriés, un casque doit être en mesure de protéger, au minimum, le crâne contre les chocs directs.

■ Pour obtenir la norme européenne (CE), les casques subissent différents tests.

■ À changer tous les 5 ans ou après un choc.

Il existe de nombreux types de casques offrant chacun des niveaux de protection différents. Certains iront jusqu'à offrir une protection contre les traumatismes de la face, de la mâchoire, et contre d'éventuels dégâts oculaires, alors que d'autres n'offriront qu'une sommaire protection du crâne.

Mais pour que ce dernier puisse remplir ces fonctions, **il devra être à la bonne taille et être correctement attaché.**

Un casque doit permettre :

- d'amortir un choc,
- de résister à l'abrasion causée par une glissade,
- d'éviter la pénétration d'objet coupant ou saillant à l'intérieur du casque.

La nuit, il devra permettre au motard d'être mieux perçu des autres usagers. Pour ce faire, 4 dispositifs rétroréfléchissants seront disposés tout autour du casque.

En cas de non-port du casque ou s'il n'est pas attaché, le pilote ou son passager encourt une amende de 4e classe (ainsi que - 3 pts pour le conducteur).

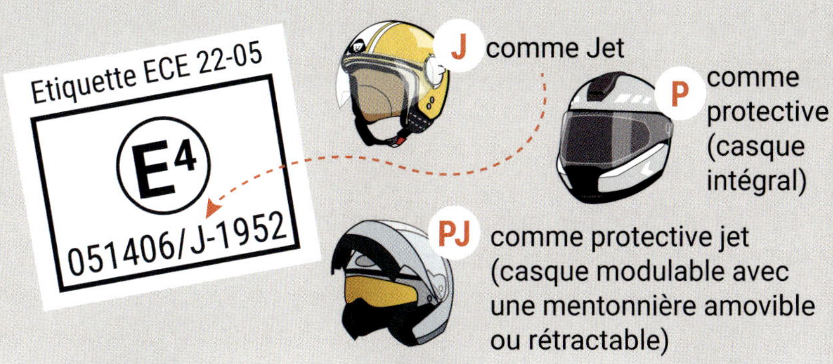

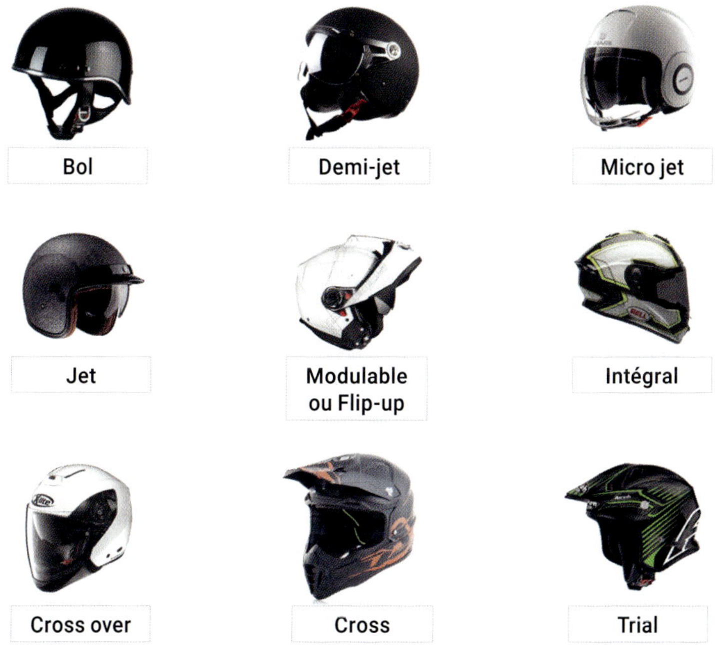

▲ *Différents types de casques.*

▲ *Position des stickers rétroréfléchissants.*

Les gants

Il existe de très nombreux modèles de gants conçus avec différents matériaux et selon différentes technologies.

■ Adaptés, ils offrent une bonne protection dans **87 %** des cas de chute.
Mais **12 %** des motards n'ont pas les gants adaptés !!!

Ils remplissent deux rôles bien distincts :

- Le 1er est de rouler par tous temps en protégeant du froid, des intempéries, et des projections.
- Le 2e est de minimiser ou d'éviter les brûlures, les coupures, les fractures, et les différentes lésions de la main.

En cas de non-port des gants ou s'ils ne sont pas conformes à la réglementation relative aux EPI, le pilote ou son passager encourt une contravention de 3e classe (ainsi que - 1 pt pour le conducteur).

Les chaussures ou bottes

■ **31 %** des motards roulent sans bottes ou chaussures montantes.

■ **30 %** des accidents entraînent des lésions orthopédiques.

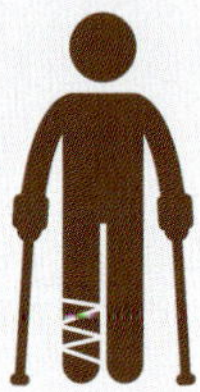

Aucune réglementation n'oblige un motard à être chaussé de bottes ou de chaussures homologuées.
En cas de chute, de choc ou de glissade, elles protègent les pieds (os des pieds et du talon), les chevilles et les tibias (uniquement les bottes) des écrasements, des brûlures, des entorses, des fractures, des arrachements, etc.

Les bottes sont conçues dans des matériaux qui permettent également de protéger du froid, des intempéries et des projections.

Sans protection des articulations des doigts.

Avec protection des articulations des doigts.

Avec protection des articulations des doigts et des poignets.

▲ *Les gants existent en 3 niveaux de protections.*

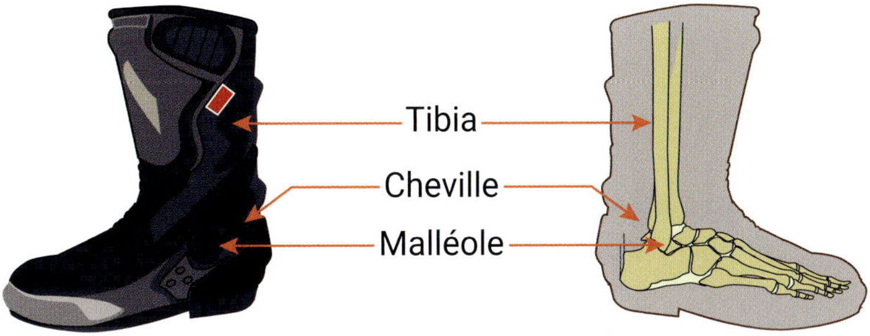

▲ *Caractéristiques d'une chaussure de moto :*
- *Résistante à l'abrasion (côtés et semelle).*
- *Renforcée au talon, à la cheville et au niveau des orteils.*
- *Résistante à l'écrasement.*

▲ *Pour hommes.*

▲ *Pour femmes.*

Les vêtements

■ Protéger le corps

Conçus avec des matériaux étanches et respirant, ils doivent être capables de protéger du froid ou du chaud, du vent et des intempéries.
Ils doivent également être capables de résister à l'abrasion, aux coupures, aux déchirures et protéger des projections.
La plupart des blousons et des pantalons de moto (EPI) sont prévus pour recevoir des coques placées à des endroits stratégiques, afin d'absorber les chocs et de dissiper l'énergie produite par un impact.

■ EPI classé en 3 niveaux de protection

L'Airbag

■ Plusieurs sortes

▲ *Gilet airbag.*

Il peut être intégré au blouson ou s'enfiler par-dessus le blouson (gilet airbag).
Il peut être filaire, radiocommandé ou autonome.
Quel que soit le modèle choisi, ce dernier assurera une protection supplémentaire des organes (poumons, cœur, foie, estomac, intestins) mais également de certains os (cage thoracique, vertèbres cervicales, dorsales, lombaires).
Ajouter un airbag à son équipement permet de renforcer la protection déjà offerte par un équipement adapté.

Protéger des chutes ▶ et des chocs.

Risque élevé d'impact

Risque élevé d'abrasion

Risque modéré d'abrasion

Risque faible d'abrasion

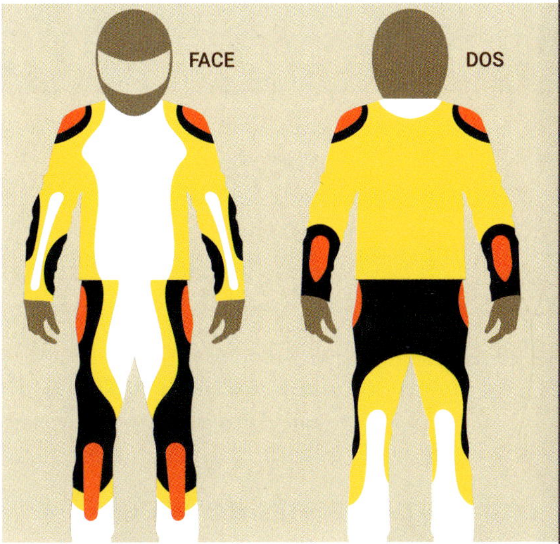

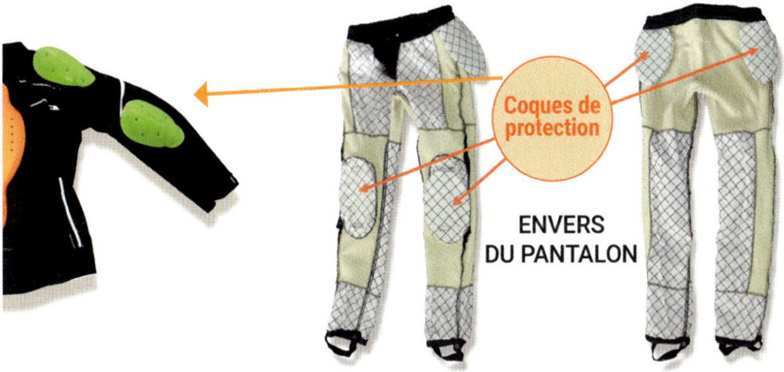

▲ *Les coques de protection.*

Os protégés en cas de chute :

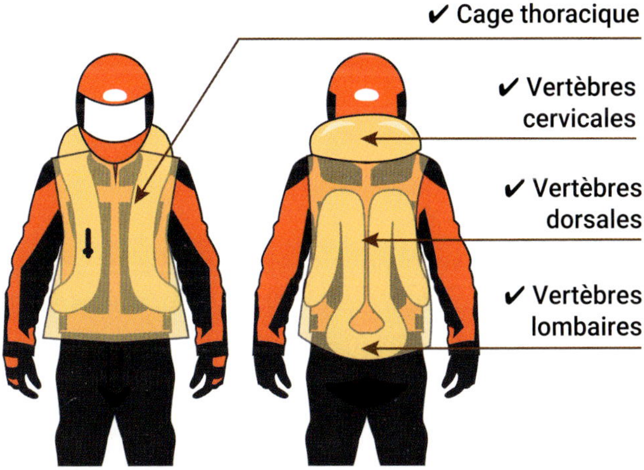

Équipement de pluie

■ **L'équipement de pluie est fortement conseillé lors d'intempéries en plus de l'équipement existant.**

Le choix des couleurs joue un rôle important dans la détection du motard. Et se rendre visible aux autres lorsqu'on roule à moto, c'est s'assurer contre le risque élevé de n'être pas vu.
Les vêtements de pluie offrent parfois des coloris plus vifs que les vêtements moto traditionnels.

Les suppléments de sécurité

■ **Permettent au secours d'accéder à votre fiche médicale**

Les secours scannent la puce collée sur votre casque, sur votre moto, ou le bracelet que vous portez au poignet.
Vous pourrez trouver différents dispositifs (bracelets, stickers, etc.) en pharmacie, chez votre concessionnaire moto, sur internet ou en magasin de sport.
Le cosmo est un dispositif un peu différent.
Ce dernier se colle lui aussi sur votre casque mais il est équipé d'un capteur de chute et alerte lui-même les secours en cas de besoin. Il possède également un rappel de feu de Stop afin de vous rendre plus visible aux autres.

Pour les enfants

■ **Conseil : pas avant 12 ans**

Avant 8 ans, la tête de l'enfant a du mal à supporter le poids du casque. Aussi, beaucoup de médecins déconseillent le transport d'enfant à moto, avant l'âge de 12 ans.
Néanmoins si vous souhaitez transporter un enfant à moto, il vous faudra l'équiper comme un passager moto traditionnel.

◀ *Coloris plus vifs.*

Les suppléments

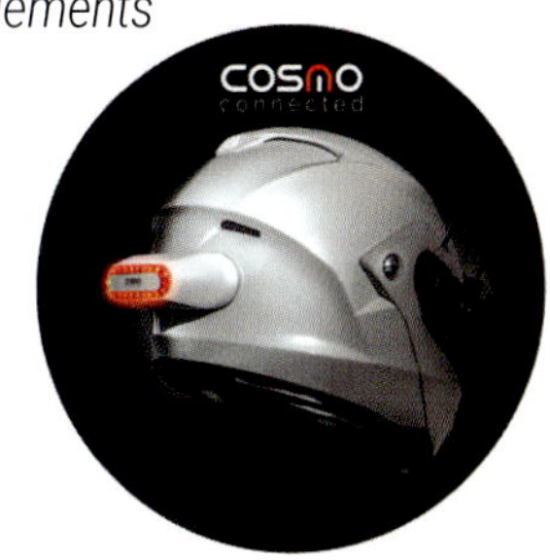

Le triangle de sécurité

■ La partie cycle d'une moto permet d'assurer la stabilité et la maniabilité.

La meilleure installation est celle qui permet de faire corps avec sa moto sans interférer ou provoquer de mauvaises réactions de cette dernière. Il faut concentrer les différents poids (conducteurs, équipements) dans un « **triangle de sécurité** » délimité autour du centre de gravité, afin de permettre à la moto de conserver en toutes circonstances un bon équilibre et donc à son pilote de pouvoir la manœuvrer avec aisance. Une bonne position repoussera une apparition prématurée de la fatigue mais ne l'évitera pas !

Le passager adulte

■ Dans l'axe du pilote

Il doit se rapprocher au maximum du pilote de façon à entrer dans le triangle de sécurité. Cela lui permettra de suivre les différents mouvements et inclinaisons de la moto.
Pour sa sécurité, le passager peut se tenir directement au pilote, ou si la moto est équipée, aux poignées arrière. Le plus adapté étant de se tenir d'une main au pilote (afin d'anticiper le recul lié au démarrage) et de l'autre à la poignée arrière (pour anticiper les effets du transfert de masse lors du freinage).
Il est possible d'utiliser des poignées de maintien.

■ Le passager débutant À briefer avant de partir.

Expliquez-lui comment et ou se tenir, comment se comporter en ligne droite et en virage, comment communiquer avec vous si besoin en roulant, etc. Essayez d'avoir une conduite souple, afin de ne pas lui faire peur mais aussi pour éviter qu'il ne vous surprenne par une réaction inappropriée.
Et faites des pauses plus fréquentes.

▲ *Triangle de sécurité.*

▲ *Bonne et mauvaise position.*

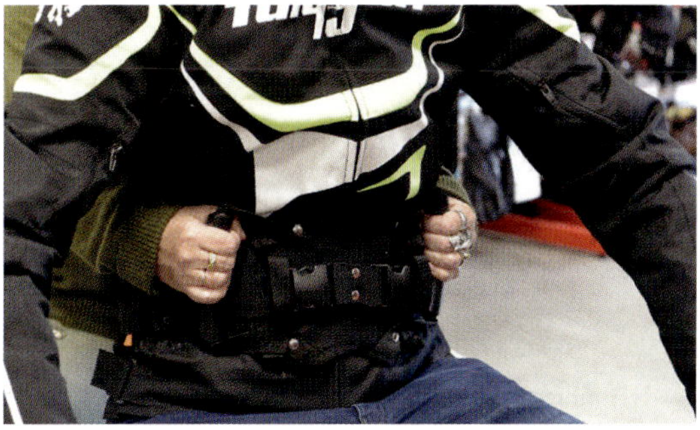

▲ *Poignées de maintien pour passager.*

Le passager enfant

■ Une installation spécifique sur un siège adapté

Lorsqu'il a moins de 5 ans, la réglementation prévoit l'usage d'un siège adapté.
À partir de 6 ans, et s'il peut atteindre les cale-pieds de votre moto, un enfant peut voyager directement sur la selle. Mais sachez qu'avant 10 ans un enfant n'a pas encore acquis les notions d'équilibre. Commencez par des petites distances à faible allure.

La sécurité active

■ A.B.S. (Anti Blocage Système) : obligatoire depuis 2016 dès 125 cm^3.

Efficacité faible sur revêtement non stabilisé

Ne réduit pas les distances de freinage

L'ABS est obligatoire sur toutes les motos neuves dès 125 cm^3 depuis 2016.
Ce système permet en cas de freinage d'urgence, de garder le contrôle de la trajectoire, en évitant un blocage de roue et la perte d'adhérence qui est souvent associée.
Un calculateur électronique surveille en permanence la vitesse de rotation des roues à l'aide de capteurs de vitesse placés sur les étriers de freins. Si une différence de vitesse apparaît entre la roue avant et la roue arrière, le boîtier déclenche une diminution de la pression, par le biais du maître-cylindre. Ce qui provoque une succession de pression/relâchement sur les freins, évitant ainsi aux roues de se bloquer.

■ A.F.U. (Aide au Freinage d'Urgence)

Présent pour l'instant sur les modèles haut de gamme, il peut parfois être proposé en option.

Toujours associé à l'ABS, il permet d'exploiter pleinement les capacités de freinage de la machine en accentuant le freinage déjà effectué par le pilote.

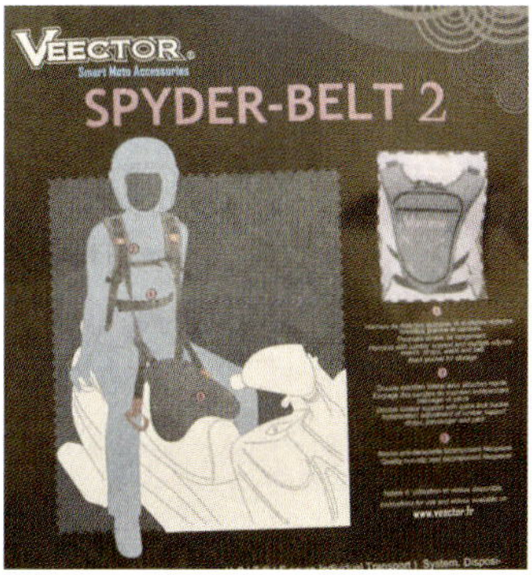

◀ *Gilet de sécurité.*

◀ Couronne *ABS.*

■ Système antipatinage Traction Control ou A.S.C. (Anti-Slip Control ou Automatic Stability Control)

Présent sur les modèles haut de gamme, ou en option sur d'autres modèles.
Ce système permet de retrouver un maximum de grip (d'adhérence), lors d'une accélération. Il agit aussi bien sur une moto droite, qu'inclinée, lui évitant ainsi de déraper.
Il est en principe couplé à l'ABS et utilise ses capteurs. Le système antipatinage se déclenche dès que le capteur perçoit que la vitesse de rotation des 2 roues n'est plus identique. Pour ce faire, il réduit le couple du moteur en modifiant le point d'allumage.
Et si cela n'est pas suffisant, le système peut agir au niveau de l'injection sur certains cycles moteurs.

■ Détection d'angle mort

Présent sur les modèles haut de gamme, ou en option sur d'autres modèles.
Pourvu d'une alerte visuelle au niveau du tableau de bord, de diodes clignotantes au niveau du rétroviseur concerné et d'un signal sonore, ce dispositif aide le motard à s'assurer qu'aucun véhicule n'est présent dans son angle mort.

■ Régulateur adaptatif de vitesse A.C.C. (Adaptative Cruise Control)

Concept nouveau, il est pour l'instant disponible sur certains modèles haut de gamme.

Activé, le régulateur se cale sur le véhicule situé devant afin d'assurer le maintien d'une distance de sécurité équivalente à 2 secondes entre les 2 véhicules.
Pour y arriver, il agit de manière autonome sur l'accélérateur ou le frein. Ce dernier assure également un rôle important dans la prévention des collisions par l'arrière.

▲

*L'**eCall** est un dispositif d'appel d'urgence présent sur certains modèles haut de gamme et en option sur de nombreux autres.*

Tous les systèmes ne fonctionnent pas de manière uniforme. Certains appellent directement les secours, d'autres passent d'abord par une plateforme qui essaie de joindre le motard et qui déclenche l'envoi des secours en cas d'absence de réponse.

Ce dispositif peut aussi être actionné manuellement via le bouton SOS situé sur le guidon de la moto, (si vous arrivez le 1er sur les lieux d'un accident, par exemple).

La moto étant géolocalisée, les secours gagnent un temps précieux dans l'intervention.

Le système les renseigne précisément sur l'heure et le lieu de l'accident.

Il indique également le trajet parcouru ainsi que le sens dans lequel la moto circulait (impératif sur autoroute).

C'est un système international qui peut être couplé au Bluetooth de votre casque pour dialoguer dans votre langue avec les services d'urgence.

E

Un achat écoresponsable

Moto et scooter électriques
Ni polluant, ni gaz à effet de serre.

Ces machines sont plus volontiers réservées à un usage urbain (du fait de leur autonomie).

Les utilisateurs doivent s'habituer à ne pas être détecté facilement, ce type de machine ne faisant pas de bruit !

Choix des pneus
Une étiquette pour choisir ses pneus selon 3 critères.

La consommation de carburant

La sécurité (adhérence sur sol mouillé)

Le bruit de roulement (niveau sonore)

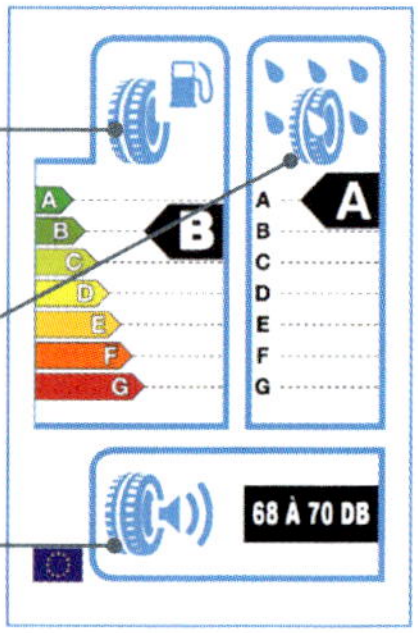

Des aides à la conduite et des choix responsables
Présents en série ou en option sur certains modèles.

Le régulateur de vitesse: cette aide à la conduite est également très intéressante pour l'écoconduite car elle rend la conduite plus uniforme et limite les phases alternatives d'accélération et de freinage.

Le compte-tours: la surveillance du compte-tours permet d'utiliser le moteur dans les plages de fonctionnement les moins "énergivores".

Attention
pendant que vos yeux regardent le GPS ou l'écran de l'ordinateur de bord, ils ne regardent pas la route !
Regardez l'écran par intermittence.

L'ordinateur de bord permet de vérifier en permanence si la conduite est économique.

Le GPS: le conducteur évite ainsi les erreurs de trajets et les bouchons, ce qui signifie moins de consommation, moins de pollution.

▲ *Moto électrique.*

▲ *Routière équipée d'aides à la conduite.*

Réglementation concernant la pollution

La pollution sonore

Les deux roues motorisés participent à la pollution sonore. Coups de gaz à l'arrêt, démarrage dans les tours, etc. sont autant de pratiques observées.

Puni par une contravention de 4e classe et une possible immobilisation du véhicule.

C'est pour cela que l'absence de pot d'échappement ou de silencieux est sanctionnée ou que certains dispositifs d'échappement (non homologués) sont interdits sur route.

Il est donc important d'adopter une conduite souple, pour limiter le bruit.

La pollution gazeuse

Tout comme les voitures, les deux-roues motorisés participent à la pollution gazeuse (rejet de gaz d'échappement).

Ils sont donc, eux aussi, soumis à la vignette CRIT'AIR.

Suivez l'onde verte

En milieu urbain, elle fluidifie la circulation, en permettant de franchir plusieurs carrefours successifs en ayant le feu au vert. Ces derniers sont synchronisés en fonction de la limitation de vitesse. Aussi pour suivre l'onde verte, respectez les limitations.

Ce phénomène participe grandement à diminuer les pollutions sonores et gazeuses.

De bonnes résolutions

Adopter un mode de conduite économique contribue à réduire la consommation de carburant, l'émission de gaz à effet de serre et le risque d'accident.

La vignette CRIT'AIR

Elle est obligatoire, pour circuler dans les zones à circulation restreintes (Z.C.R.) et pas seulement en cas d'alerte pollution.

Les Z.C.R. sont des zones environnementales fixes dont les règles sont appliquées de manière constante. Elles sont généralement mises en place dans les centres-villes afin d'exclure les véhicules les plus anciens et les plus polluants de la circulation.

Entrée de zone de circulation restreinte

Sortie de zone de circulation restreinte

Associé au panneau d'entrée, un panonceau précise les catégories de véhicules dérogatoires.

Classement Certificat qualité de l'air 2 roues

Norme euro (inscrite sur la carte grise) ou, à défaut, date de 1re immatriculation

- Tous les véhicules 100 % électriques et hydrogènes
- Tous les véhicules gaz et hybrides rechargeables
- **Euro 4** : à partir du 1er janvier 2017 pour les motocycles et 1er janvier 2018 pour les cyclomoteurs
- **Euro 3** : du 1er janvier 2007 au 31 décembre 2016 pour les motocycles et 1er janvier 2017 pour les cyclomoteurs
- **Euro 2** : du 1er juillet 2004 au 31 décembre 2006
- Pas de norme tout type : du 1er juin 2000 au 30 juin 2004
- Pas de norme tout type : jusqu'au 31 mai 2000

Présentation des formations

- Gestes qui sauvent (GQS)
- Prévention et secours civiques de niveau 1 (PSC 1)
- Premiers secours en équipe de niveau 1 (PSE 1)
- Premiers secours en équipe de niveau 2 (PSE 2)

Ces formations sont uniquement dispensées par les associations agréées et organismes habilités à la formation aux premiers secours par le ministère de l'intérieur et permettent d'acquérir les compétences nécessaires pour concourir par son comportement à la sécurité civile en vertu de l'article L.721-1 du Code de la sécurité intérieure.

Protéger - Alerter

LA PROTECTION

Protection d'une personne en danger

Rechercher si un danger peut générer un sur-accident.
Protégez-vous, protéger la zone de danger et la ou les victimes et témoins.

Une victime ou toute autre personne menacée par un danger doit être protégée, notamment du sur-accident. Pour cela, lorsque vous pouvez agir sans risque pour votre propre sécurité, vous devez immédiatement supprimer ou écarter le danger de façon permanente (ex. couper le courant, fermer le gaz, baliser une zone d'accident).

Dégagement d'urgence d'une victime

Cette manœuvre peut être dangereuse pour la victime ou vous-même. **Elle doit donc rester exceptionnelle.**
Vous devez être sûr(e) d'avoir les capacités à réaliser l'extraction de la victime.

Lorsque la victime ne peut se soustraire d'elle-même à un **danger réel, immédiat et non contrôlable**, un dégagement d'urgence peut être alors réalisé. **Le dégagement d'urgence doit permettre de placer la victime dans un endroit suffisamment éloigné du danger et de ses conséquences.**
Aucune technique n'est imposée. Vous devez accéder à la victime par le cheminement le plus sûr et le plus rapide, **seulement si elle est visible, facile à atteindre et que rien ne gêne son dégagement.**

Devant l'impossibilité de supprimer le danger ou de dégager la victime

1. Alerter ou faire alerter les secours.
2. Assurer une surveillance permanente de la zone de danger pour empêcher toute personne d'y pénétrer jusqu'à l'arrivée des secours.

Devant une attaque terroriste ou une situation de violence

Attaque terroriste

Appliquer les consignes nationales.

1. S'échapper, si c'est impossible se cacher,
2. Alerter et obéir aux forces de l'ordre,
3. Réaliser les gestes de premiers secours,
4. Rester vigilant.

L'ALERTE

Décider d'alerter les secours

L'alerte doit être rapide et précise pour permettre aux services de secours d'apporter les moyens adaptés aux victimes dans le délai le plus court. Observer la situation et localiser l'événement.

Se munir d'un moyen de communication.

À l'aide d'un téléphone portable ou à défaut d'un téléphone fixe ou d'une borne d'appel.

Choisir un service de secours adapté

18
Appel des sapeurs-pompiers,
en charge des secours d'urgence : personnes, accidents, incendies.

112
Appel d'urgence
dans l'ensemble de l'Union Européenne.

15
Appel des SAMU,
en charge de la réponse médicale : problèmes urgents de santé et conseils.

114
Appel d'urgence
accessible par sms, tchat, visiophonie pour les malentendants ou les personnes ayant du mal à s'exprimer oralement.

Transmettre les informations

- Le numéro de téléphone (ou de la borne) à partir duquel l'appel est passé.
- La nature du problème : maladie, accident.
- La localisation la plus précise de l'événement. Sur autoroute, préciser son numéro, le sens de direction et le point kilométrique.

L'application SOS autoroute permet d'être géolocalisé. ▲

Répondre aux questions posées par les services de secours

Appliquer les consignes données

La personne en ligne peut vous conseiller ou vous guider dans la réalisation des gestes à faire, ou à ne pas faire, jusqu'à l'arrivée des secours.

Raccrocher uniquement lorsque l'opérateur le demande

LE LIEU DE L'ACCIDENT

Sur les lieux d'un accident, 2 possibilités existent :

1. ***les secours ont déjà été organisés → il faut éviter de s'arrêter,***
2. ***l'accident vient de se produire → il faut absolument s'arrêter et porter assistance aux victimes.***

Ne pas porter secours, ou ne pas déclencher un secours, constitue un délit et est passible de sanctions graves pour non-assistance à personne en danger (peine de prison et lourde amende).

Gestes à ne pas faire :
- se précipiter, se mettre en danger inutilement,
- s'arrêter n'importe comment aux abords de l'accident.
- retirer le casque d'un motard accidenté. Seuls les secours sont habilités à le faire.

ÉVALUER LE RISQUE DE SURACCIDENT

Passage à niveau.
Risque de chute.
Fuite de carburant.
Camion-citerne transportant des matières dangereuses.
Chargement d'un poids lourd.

Comment baliser une zone d'accident de la route ?

Sécuriser les lieux pour protéger les victimes et éviter des accidents en chaîne.

- *En vue de l'accident, allumer les feux de détresse et ralentir.*
- *Se garer après le lieu de l'accident là où il ne crée aucune gêne, ni pour l'arrivée des secours, ni pour les autres usagers.*
- *Enfiler le gilet de haute visibilité de jour comme de nuit. Baliser les lieux (feux de détresse allumés et bâtons luminescents) dans les deux directions. Si je dispose de plusieurs gilets, l'idéal est qu'ils soient portés par les témoins ou passagers.*
- *Couper le contact des véhicules, serrer le frein à main (pour une voiture).*
- *Ne pas fumer et veiller à ce que personne ne fume.*
- *Mettre en sécurité les personnes descendues d'elles-mêmes derrière la glissière de sécurité s'il y en a une. Idem pour votre passager si ce dernier ne vous aide pas.*

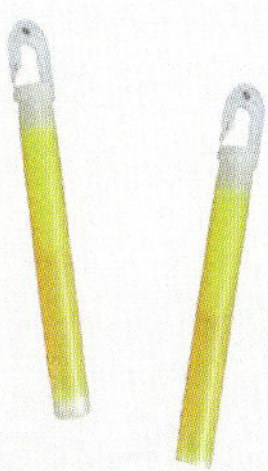

Si vous possédez plusieurs bâtons luminescents, placez-les au sol pour réaliser un corridor de sécurité. Si un seul bâton, mettez-le en évidence.

Sur autoroute

S'arrêter sur la bande d'arrêt d'urgence, sortir du côté droit. Marcher toujours derrière la glissière de sécurité, jamais sur la chaussée.

Si vous êtes plusieurs à vous arrêter : organisez-vous !

Répartir les rôles sur la protection, l'alerte et l'assistance aux personnes blessées dans l'accident.

Hémorragie

Une hémorragie est une perte de sang prolongée qui provient d'une plaie ou d'un orifice naturel qui imbibe de sang un mouchoir de tissu ou de papier en quelques secondes et **qui ne s'arrête pas spontanément.**
Un saignement dû à une écorchure, une éraflure ou une abrasion cutanée, qui s'arrête spontanément n'est pas une hémorragie.

■ J'identifie

Constater l'hémorragie, si nécessaire en écartant les vêtements.
L'hémorragie peut temporairement être masquée par la position de la victime ou un vêtement particulièrement absorbant (manteau, blouson...).

■ J'agis

1. Demander à la victime de comprimer immédiatement l'endroit qui saigne ou à défaut, le faire à sa place. Si possible, se protéger la main pour éviter la transmission de maladies infectieuses.
2. Allonger confortablement la victime, par exemple sur un lit, un canapé ou à défaut sur le sol et couvrez-la pour éviter l'hypothermie.
3. Alerter les secours. L'alerte est réalisée par :
   - un témoin, s'il est présent ;
   - vous, si la victime comprime elle-même la plaie.

Infos

*La perte abondante ou prolongée de sang conduit à une **détresse circulatoire** qui menace immédiatement ou à très court terme la vie de la victime (**arrêt cardiaque** par une diminution importante de la quantité de sang).*

Comment faire une compression ?

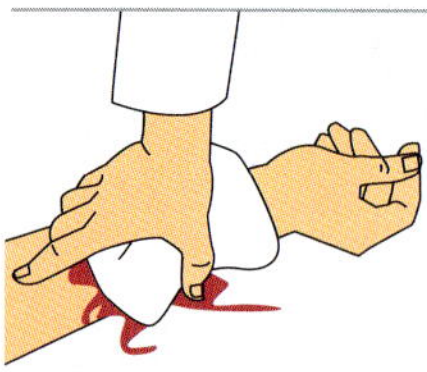

***Appuyer fortement sur l'endroit qui saigne avec les doigts ou la paume de la main, en mettant une épaisseur de tissu propre** recouvrant complètement la plaie (mouchoirs, torchons, vêtements...) et ce jusqu'à l'arrivée des secours.*

▲ *En l'absence de tissu, soit la victime est en capacité de comprimer l'endroit qui saigne directement avec sa main, soit elle ne peut le faire, et dans ce cas vous devez le faire.*

Traumatisme

Les atteintes traumatiques sont des lésions des os (fractures), des articulations (entorses ou luxations), ou des organes (au niveau de la tête, du thorax ou de l'abdomen).

J'identifie

Un traumatisme peut provoquer :
- une douleur vive,
- une impossibilité de bouger,
- un gonflement et/ou déformation.

Des signes secondaires peuvent se révéler : perte de connaissance, maux de tête persistants, vomissements, agitation, somnolence, douleur abdominale…
Lorsque le traumatisme se situe au niveau de la colonne vertébrale (douleur du dos ou de la nuque), une atteinte de la moelle épinière est possible.

Casque
Lors d'un accident, ne jamais retirer le casque de la victime.

J'agis

1. Ne pas déplacer ni bouger la victime.
2. Alerter ou faire alerter les secours.
3. Respecter les recommandations données par les secours.
4. Surveiller la victime en lui parlant et en la réconfortant.
5. La protéger du froid, de la chaleur, des intempéries.

Infos

Les risques, lors d'une atteinte traumatique, sont d'entraîner des complications neurologiques (paralysie, trouble de la conscience ou perte de connaissance), respiratoires (gêne ou détresse) ou circulatoires (détresse).

La perte de connaissance

Une personne a perdu connaissance lorsqu'elle ne répond pas, ne réagit pas mais respire.

■ J'identifie

La victime **ne répond pas** aux questions, **reste immobile, et respire.**

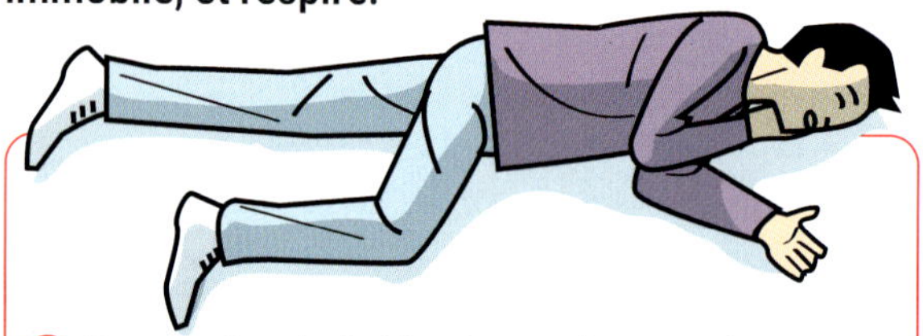

■ J'agis

1. Demander de l'aide si vous êtes seul.
2. Placez là en position stable sur le côté (ou en position latérale de sécurité) pour maintenir libres les voies aériennes et faciliter l'écoulement des liquides présents dans la gorge.
3. Faire alerter ou alerter les secours.
4. Surveiller en permanence la respiration de la victime jusqu'à l'arrivée des secours.

Infos

Si la victime reste sur le dos, *elle est exposée à des difficultés respiratoires importantes* ***(risques d'arrêt respiratoire et d'arrêt cardiaque).*** *Sa vie est immédiatement en danger.*

Des liquides gastriques, du sang, de la salive peuvent s'écouler dans les poumons.

La langue *obstrue les voies aériennes.*

La trachée
L'air ne peut pas passer.

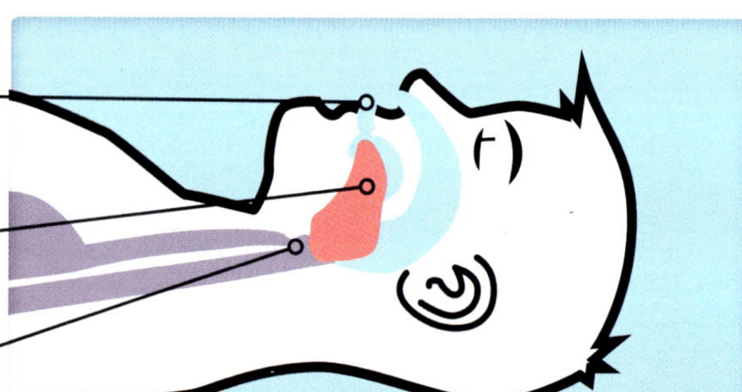

▲ *La respiration n'est possible que si les voies aériennes permettent le passage de l'air sans encombre.*

Comment apprécier l'état de conscience de la victime ?

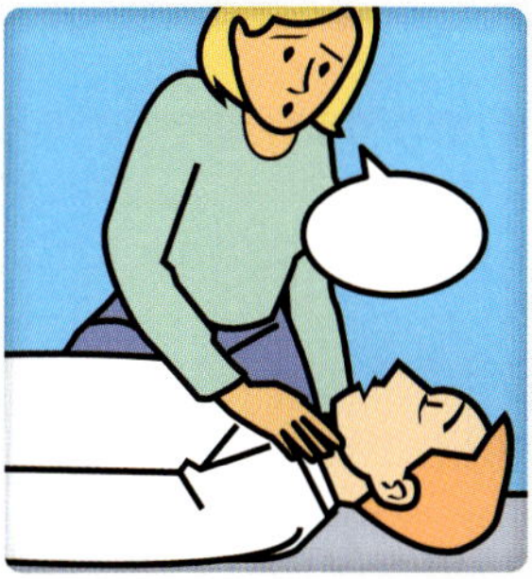

- *Poser des questions simples : « Comment ça va ? », « Vous m'entendez ? ».*
- *Remuer doucement les épaules.*
- *Lui prendre la main et demander d'exécuter un ordre simple : « Serrez-moi la main ».*

Comment vérifier la respiration ?

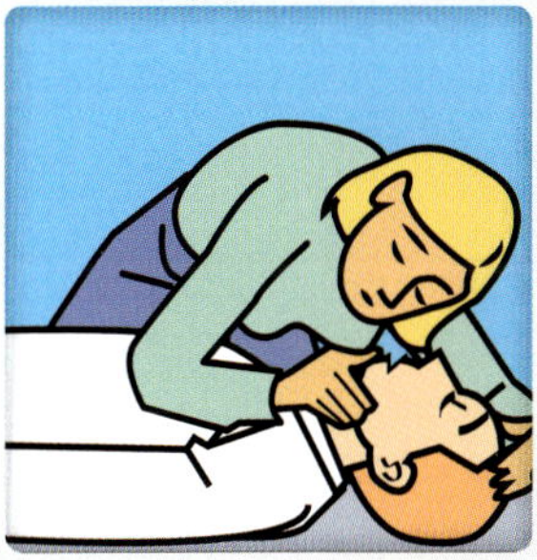

- *Allonger la victime sur le dos.*
- *Libérer les voies aériennes sans perdre de temps.*
- *Apprécier la respiration sur 10 secondes au plus.*
- *Maintenir la libération des voies aériennes.*
- ***Regarder si le ventre et la poitrine se soulèvent.***
- *Écouter d'éventuels sons provoqués par la respiration.*
- ***Sentir de l'air à l'expiration.***

La victime a perdu connaissance lorsqu'elle ne répond pas, ne réagit pas mais respire.

L'arrêt cardiaque

Une personne est en arrêt cardiaque lorsque ***son cœur ne fonctionne plus ou fonctionne d'une façon anarchique***, ne permettant plus d'assurer l'oxygénation du cerveau.

J'identifie

- La victime **ne répond pas** aux questions, **ne réagit pas.**
- **Elle ne respire pas :** aucun mouvement de la poitrine n'est visible et aucun bruit ou souffle n'est perçu.
- **Elle présente une respiration anormale** avec des mouvements respiratoires inefficaces, lents, irréguliers et bruyants.

J'agis

En l'absence de respiration, en présence de respiration anormale ou en cas de doute :

1. **ALERTER** : appeler immédiatement les secours de préférence avec son téléphone portable et le mettre sur haut-parleur.
2. **MASSER** : pratiquer une réanimation cardio-pulmonaire (RCP) précoce.
3. **DEFIBRILLER :** utiliser un défibrillateur automatique si possible.

Infos

Au cours d'un arrêt cardiaque, les lésions du cerveau (consécutives au manque d'oxygène), surviennent dès la première minute. Si aucun geste de premiers secours n'est réalisé, la mort de la victime survient en quelques minutes.

LA CHAÎNE DE SURVIE

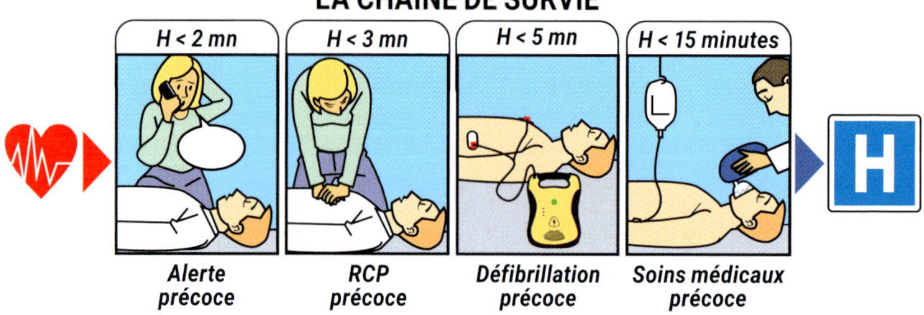

▲ *Chaque minute gagnée dans la mise en place d'une RCP efficace peut augmenter de 10 % les chances de survie de la victime.*

Comment pratiquer la Réanimation Cardio-Pulmonaire (RCP) ?

Le service de secours appelé pourra aider le sauveteur à la réalisation de la RCP, en donnant des instructions téléphoniques.

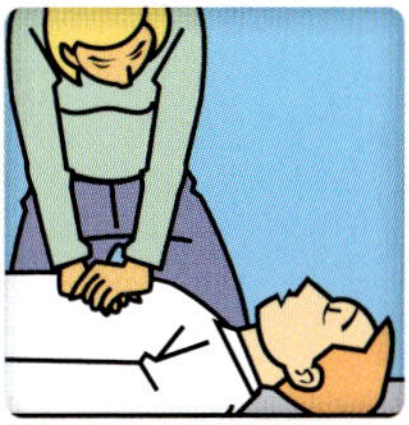

30 compressions...

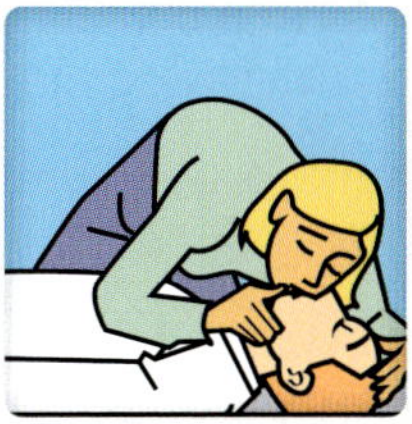

...2 insufflations

- *Répéter des cycles de 30 compressions thoraciques suivies de 2 insufflations.*

- *Si un DAE* est visible, le mettre en œuvre le plus tôt possible et suivre ses indications vocales en interrompant le massage cardiaque le moins possible.*
- *Poursuivre la RCP sans interruption jusqu'au relais par les services de secours.*

**Défibrillateur Automatisé Externe*

Dans tous les cas...

- *Si les insufflations ne peuvent pas être effectuées (répulsion, vomissements...) ou si vous ne vous sentez pas capable, vous devez réaliser uniquement les compressions thoraciques en continu à un rythme de 100 à 120 compressions/min.*
- *Si vous êtes plusieurs, relayer celui qui réalise les compressions thoraciques toutes les 2 minutes en interrompant le moins possible les compressions thoraciques.*

Le Défibrillateur Automatisé Externe

Le Défibrillateur Automatisé Externe (DAE) est un appareil qui peut permettre de rétablir une activité cardiaque normale à une victime en arrêt cardiaque.

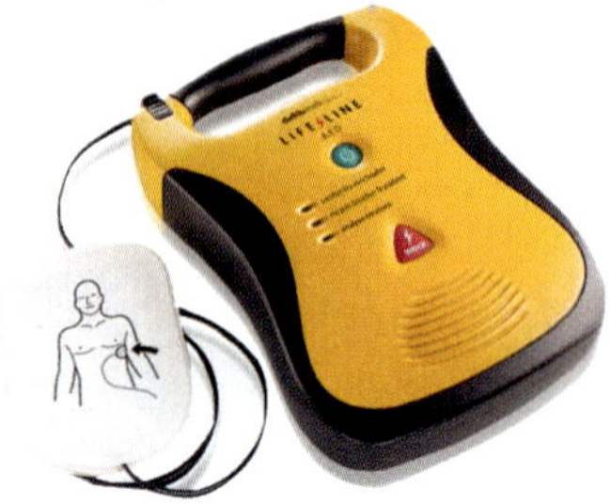

Cette pratique est sûre et sans risque même si elle est utilisée par des personnes qui sont peu ou pas formées : l'appareil fait lui-même le diagnostic et délivre le choc si c'est nécessaire.

Défibrillateur Automatisé Externe (DAE)

Comment utiliser un défibrillateur ?

Le DAE doit être utilisé en suivant toutes les indications de l'appareil (schéma, messages vocaux).
Ces indications précisent, dans un premier temps, de mettre en place les électrodes.

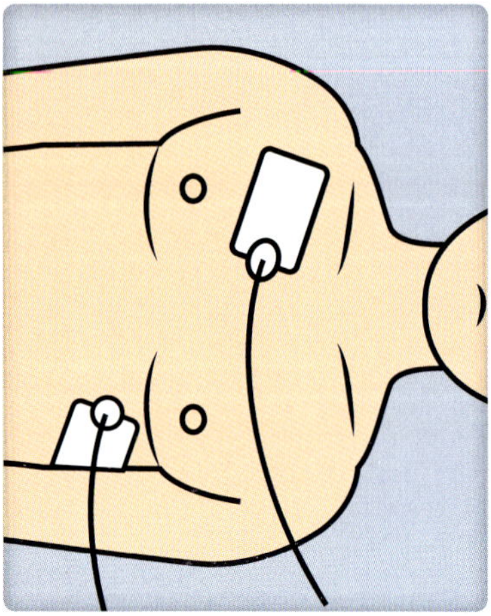

- *Enlever ou couper les vêtements recouvrant la poitrine de la victime, si nécessaire.*
- *Sécher le thorax de la victime s'il est humide.*
- *Déballer et appliquer les électrodes, sur la poitrine nue de la victime, dans la position indiquée sur le schéma figurant sur l'emballage ou sur les électrodes.*
- *Connecter les électrodes au défibrillateur (le cas échéant).*

Comment utiliser un défibrillateur ? (suite)

Si le défibrillateur annonce que le choc est nécessaire

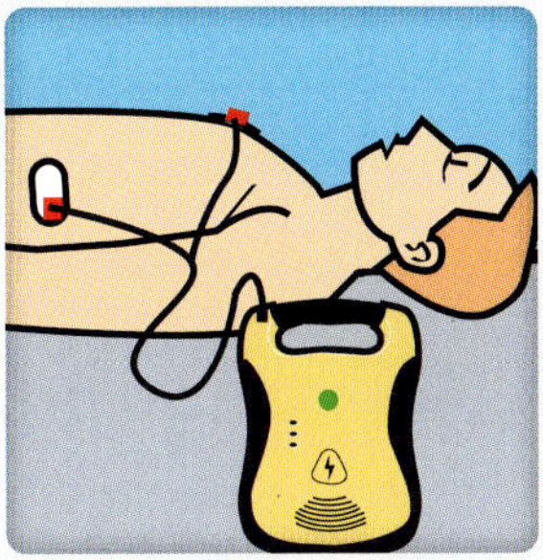

- *Demander aux personnes aux alentours de s'écarter.*
- *Laisser le DAE déclencher le choc électrique (défibrillateur entièrement automatique) ou appuyer sur le bouton « choc » lorsque l'appareil le demande (défibrillateur semi-automatique).*
- *Reprendre immédiatement les compressions thoraciques après la délivrance du choc.*

Si le défibrillateur annonce que le choc n'est pas nécessaire

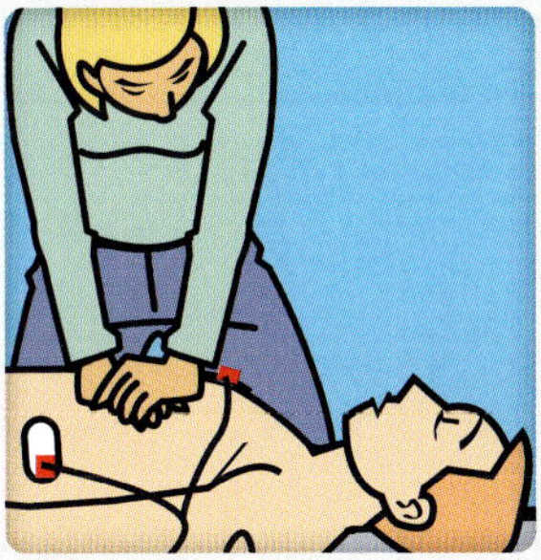

- *Reprendre immédiatement les compressions thoraciques.*
- *Ne pas retirer les électrodes avant l'arrivée des secours.*